DEMOCRACIA *Corinthiana*

O JORNAL OFICIAL DO SPORT CLUB CORINTHIANS PAULISTA

São Paulo, janeiro 1984 - Ano 1 - Nº 1

EDIÇÃO HISTÓRICA

Nossos 68 GOLS DO BICAMPEONATO

Capa da primeira edição do jornal
Democracia Corinthiana. O órgão oficial
do clube durante o período democrático
teve 16 edições publicadas. Saiu de
circulação após a vitória de Roberto
Pasqua sobre Adílson Monteiro Alves nas
eleições de 1985 no Corinthians.

DEMOCRACIA CORINTIANA

▪ PAULICEIA ▪
Coordenação Emir Sader

A imagem de São Paulo varia conforme as lentes com que o olhamos. O sonhado e o real, o desejado e o rejeitado, o vivido e o simbolizado, o cantado e o pintado, o desvairado e o cotidiano – todos serão retratados nesta coleção, em quatro diferentes séries, por meio das quais buscamos compor um painel crítico das infinitas visões de São Paulo: *Retratos* (perfis de personalidades que nasceram, viveram ou eternizaram suas obras em São Paulo), *Memória* (eventos políticos, sociais e culturais marcantes no Estado ou na capital), *Letras* (resgate de obras – sobretudo de ficção – de temática paulista há muito esgotadas ou nunca publicadas em livro) e *Trilhas* (histórias dos bairros ou de regiões do Estado).

Selecionamos autores, fenômenos e espaços que permitam a nosso olhar cruzar o extenso leque de que é feito São Paulo e o compreender na sua rica diversidade e em toda a teia de suas contradições, que fazem deste Estado o maior desafio para si e para o Brasil.

**SÓCRATES
RICARDO GOZZI**

DEMOCRACIA CORINTIANA

a utopia em jogo

© 2002, Sócrates e Ricardo Gozzi
© 2002, Boitempo Editorial

·PAULICEIA·

DEMOCRACIA CORINTIANA
a utopia em jogo

Coordenação editorial	Ivana Jinkings
	Sandra Brazil
Coordenação de produção	Juliana Brandt
Assitência de produção	Livia Viganó
Assistência editorial	Livia Campos
Revisão	Márcio Guimarães Araújo
	Maurício Balthazar Leal
Capa	Andrei Polessi
Diagramação	Gapp design
Tratamento de imagens	Antonio Kehl
	Renata Alcides

ISBN 978-85-7559-021-8

É vedada a reprodução de qualquer
parte deste livro sem a expressa autorização da editora.

1ª edição: dezembro de 2002;
2ª edição revista: dezembro de 2011; 1ª reimpressão: outubro de 2024

BOITEMPO
Jinkings Editores Associados Ltda.
Rua Pereira Leite, 373
05442-000 São Paulo SP
Tel.: (11) 3875-7250 / 3875-7285
editor@boitempoeditorial.com.br
boitempoeditorial.com.br | blogdaboitempo.com.br
facebook.com/boitempo | twitter.com/editoraboitempo
youtube.com/tvboitempo | instagram.com/boitempo

Este livro foi composto em Rotis Serif, 11/13,2, e
reimpresso em papel Couché 115 g/m² pela
gráfica Forma Certa, para a Boitempo, em outubro de 2024,
com tiragem de 300 exemplares.

Sumário

Apresentação por Juca Kfouri 11

Nasce uma democracia 15

A semente da democracia 23
    Ascensão e queda de um ditador
    Time desmotivado fracassa em campo em 1981

Os representantes do povo 39
    Waldemar Pires é eleito presidente
    Fracasso no Paulistão empurra o Corinthians
        para a Taça de Prata

Quando as mudanças começam 55
    Adílson Monteiro Alves e Mário Travaglini
        chegam ao Corinthians

A democracia entra em vigor no Parque São Jorge 65
    A volta por cima no Brasileirão em 1982
    A simplicidade e a eficácia da administração democrática

A democracia em ação 79
    Washington Olivetto "percebe"
        o termo Democracia Corintiana
    Sem dar atenção à Copa dos Campeões,
        Corinthians cai na primeira fase

Liberdade, responsabilidade e títulos 97
    Democracia conquista seu primeiro título

A oposição à democracia 109
    Chegada de Leão tumultua ambiente
        no Corinthians

Autogestão 117
    Corinthians começa bem no Brasileiro,
        mas perde o passo no fim do campeonato
    Corinthians busca o bicampeonato paulista
    Pressionado, Leão garante Corinthians na final

A saída de Sócrates fragiliza a Democracia Corintiana 133
    Em 1984, Corinthians volta a deixar escapar
        por pouco seu retorno à Libertadores

O desentendimento com Jorge Vieira 141
    Sócrates despede-se do Corinthians
        longe de sua torcida
    Corinthians deixa o tricampeonato escapar

As lições da Democracia Corintiana 153
    O fracasso de um supertime
    A importância do trabalho psicológico
    Títulos: o combustível da Democracia Corintiana
    Os méritos da Democracia Corintiana

De olho no futuro 177

O poder que emana do povo 181

Bibliografia 183

Sócrates agradece a todos os seus
companheiros de Democracia Corintiana.

Pelas contribuições e/ou tempo dispensados,
Ricardo Gozzi agradece a: Andréia Lago, Basílio, Biro-Biro,
Casagrande, Denise Góes, Edmundo Leite, Elisabete Abreu,
Émerson Luís, Emir Sader, Flávio Gikovate, Juca Kfouri,
Juninho, Júnior, Luís Fernando, Madá, Mário Iório,
Mário Travaglini, Marlene Matheus, Rui, Sérgio Scarpelli,
Solito, Waldemar Pires, Vagninho, Washington Olivetto,
Wladimir, Zé Maria, Zelão e Zenon, além dos amigos
e familiares pela paciência.

Apresentação

Naquele tempo, começo dos anos 1980, não se votava para presidente. Vivia-se ainda a ditadura militar, que começava a dar sinais de esmorecer. Mas só a sociedade organizada poderia sepultá-la. O AI-5 já não vigorava mais, é verdade, e o Brasil respirava os ares de uma anistia recentemente promulgada. Foi aí que, na esteira do histórico movimento das Diretas-Já, nasceu a Democracia Corintiana.

O termo, diga-se desde logo, será atribuído neste belo livro-documento ao autor destas linhas à guisa de prefácio. E atribuído por quem sempre foi considerado o pai da ideia. Na verdade verdadeira, porém, se alguém o inventou não foi alguém. Foram alguéns. Muitos alguéns, a começar pelo Doutor Sócrates, por Wladimir, por Casagrande e por Adílson Monteiro Alves, indiscutivelmente. Washington Olivetto teve a sacada de pegar a expressão à unha, assim que a ouviu num debate na PUC, proferida por este que vos escreve.

Mas é preciso revelar, aqui e agora, que quem a inspirou nem sequer sabe que o fez, ninguém menos que o exemplar democrata Millôr Fernandes.

Porque um dia, ainda sob as nuvens negras da ditadura, ele cunhou uma frase assim: "Se o governo continuar deixando que certos jornalistas falem em eleições; se o governo continuar deixando que determinados jornais façam restrições à sua política financeira; se o governo continuar deixando que alguns políticos teimem em manter suas candidaturas; se o governo continuar deixando que algumas pessoas pensem por sua própria cabeça, e, sobretudo, se o governo continuar deixando que circule esta revista, com toda sua irreverência e critica, em breve estaremos caindo numa democracia".

Foi isso, ou mais ou menos isso, que foi dito na PUC: "Parodiando Millôr Fernandes, se os jogadores continuarem a participar das decisões no clube, se os dirigentes não atrapalharem e se a imprensa esclarecida apoiar, veremos que aqui se vive uma democracia, uma democracia corintiana".

Esclarecido desde logo o secundário, vamos ao principal.

Está dito anteriormente que a Democracia Corintiana nasceu na esteira das Diretas-Já. De fato, houve uma relação dialética entre ambos os movimentos porque, de alguma maneira, a Democracia Corintiana estimulou a campanha por eleições diretas para a presidência da República – ideia derrotada em 1984, no Congresso Nacional, e só vitoriosa cinco anos depois, já extinto o movimento alvinegro.

Explique-se, para não parecer coisa de corintiano autorreferente. Pelas razões que o livro da dupla Doutor Sócrates/Ricardo Gozzi explicará adiante, o Corinthians virou o time da moda, adquiriu *status* verdadeiramente nacional como só, até então, os grandes clubes do Rio de Janeiro, fruto dos tempos de capital federal, e o Santos, graças a Pelé, sabiam o que significava.

Não por acaso, o "locutor das Diretas" foi Osmar Santos, um dos primeiros, e um dos poucos, comunicadores a entender o alcance e a generosidade do movimento que nasceu no Parque São Jorge.

Osmar Santos falou para multidões de cem mil, trezentas mil, um milhão de pessoas, nas praças de Curitiba, Rio e São Paulo, pelo país afora. E, nas horas vagas, narrava gols e mais gols de Sócrates, Casagrande, Zenon, Eduardo, Ataliba, além do bicampeonato paulista de 1982/83, conquistado por um Corinthians que não era melhor que o São Paulo derrotado nas duas decisões, era apenas diferente. Deliciosa e politicamente diferente.

Sócrates até hoje gosta de dizer que naquele time votava-se até para decidir se o ônibus deveria parar para que alguém pudesse fazer xixi. E, invariavelmente, reconhece, ele perdia as votações. Já Wladimir repete para quem quiser que a sua vida se divide em duas etapas: antes e depois da Democracia Corintiana.

O primeiro resultado das Diretas-Já, alguém poderá dizer, foi desastroso, porque culminou na eleição de Fernando Collor. Do mesmo modo que se poderá dizer que a Democracia Corintiana acabou sem deixar vestígios da libertação que prometia.

Bobagem. Arrematada bobagem de quem não é capaz de olhar para a História com os olhos da razão e da emoção. O primeiro resultado das Diretas-Já foi o *impeachment* de Collor, porque o povo voltou às ruas para destituí-lo.

E a Democracia Corintiana, vinte anos depois, vive tão pujante que a opinião pública sabe quem é quem na imprensa esportiva (os que eram contra a Democracia hoje têm papel subalterno e vergonhoso), que o passe acabou, que as CPIs revelaram a podridão da cartolagem e que até campeão do mundo o Corinthians foi ainda no século em que ela vigorou, o século XX.

Porque a História não se conta em dias ou em anos. Conta-se, no mínimo, em décadas.

E só faz duas décadas, parece até que foi ontem.

Juca Kfouri
novembro de 2002

E quis o destino que o símbolo maior do movimento se despedisse num festivo domingo de 4 de dezembro de 2011, com a coroação de seu time como pentacampeão nacional.

Nada mais brasileiro que ele, o Doutor Sócrates.

Sócrates Brasileiro.

dezembro de 2011

Nasce uma democracia

Jogadores do Corinthians erguem faixa com a inscrição "Ganhar ou perder, mas sempre com democracia" antes da final do Campeonato Paulista de 1983, contra o São Paulo.

Uma série de golpes de Estado patrocinados pelo governo norte-americano na segunda metade do século XX transformou a América Latina num celeiro de ditadores sanguinários. Washington simplesmente fechava os olhos para as atrocidades cometidas pelas juntas militares que apoiava. Em troca, exigia delas apenas o alinhamento cego e incondicional durante a Guerra Fria. No fim dos anos 1970, a derrota norte-americana na Guerra do Vietnã e a renúncia do presidente Richard Nixon em virtude do escândalo Watergate permitiram a chegada de Jimmy Carter ao poder nos Estados Unidos. Como resultado dessas mudanças, uma nova mentalidade instalou-se na diplomacia norte-americana.

Entre as propostas de Carter figuravam o respeito aos valores democráticos e aos direitos humanos. Com o passar dos anos, algumas ditaduras caíram. Enquanto isso, outras se abriam para a transição rumo a um governo civil e a eleições diretas.

Em 1982, o Brasil vivia seu décimo oitavo ano sob regime militar. Mas já era possível sentir um clima de abertura política no ar. Naquele ano, pela primeira vez desde o início da ditadura, em 1964, os brasileiros puderam ir às urnas para eleger os governadores de seus estados. Mas as eleições para os governos estaduais ocorreram apenas no fim daquele ano.

Alguns meses antes, no primeiro semestre de 1982, um terreno de alguns milhares de metros quadrados na zona Leste de São Paulo transformava-se no primeiro local do Brasil a respirar ares democráticos em dezoito anos.

Liderados pelo craque Sócrates e apoiados pelo diretor de futebol Adílson Monteiro Alves, os jogadores e a diretoria do Sport Club Corinthians Paulista começavam a deixar de lado o paternalismo e a truculência inerentes aos dirigentes e passavam a viver tempos de um relacionamento profissional e sincero no esporte. O período ficou conhecido como Democracia Corintiana.

Por tradição, o futebol brasileiro é um meio retrógrado e paternalista. Apegados ao poder, os dirigentes de clubes e federações procuram alienar os jogadores e tratá-los como escravos. Desde que Charles Müller introduziu o futebol no Brasil, poucos foram os momentos nos quais os jogadores lutaram por melhores condições de trabalho. Mais raras ainda foram as lutas das quais os atletas saíram vitoriosos.

Em um país como o Brasil, dificilmente o jogador de futebol é tratado como profissional e cidadão, com direitos e deveres, com liberdade e responsabilidade. Com base nesta constatação, transformava-se apenas numa questão de tempo o surgimento de uma mobilização capaz de abalar a estrutura do futebol e dos clubes, um movimento de jogadores dispostos a assumir responsabilidades em troca de um tratamento profissional adequado.

Porém, um movimento como esse não teria sucesso nem repercussão num clube distante dos principais centros futebolísticos do país. Isso reduz os candidatos a sede de tal iniciativa a São Paulo, Rio de Janeiro, Belo Horizonte e Porto Alegre. Se esse é o primeiro ingrediente da receita para mudar as relações profissionais, fiquemos então com São Paulo, maior cidade e principal centro financeiro do Brasil.

De preferência, a mobilização deveria ocorrer em algum clube popular da cidade escolhida, o que reduz ainda mais o rol de candidatos. Optemos então pelo Corinthians, um dos mais vitoriosos e populares times do país.

Mas resta ainda um último ingrediente. É preciso aproveitar o momento ideal para desencadear tal revolução. No início da década de 1980, o Brasil passava por um período de abertura política após quase duas décadas de ditadura. Na mesma época, os principais jogadores do Corinthians estavam insatisfeitos com as condições de trabalho no clube e tiveram a oportunidade de mudar o que acreditavam estar errado.

Poucos momentos de nossa história pareciam tão adequados para romper com a estrutura conservadora e arcaica de nosso futebol.

Sócrates e Wladimir — o primeiro conhecido por sua técnica e o segundo por sua dedicação ao time — estavam cansados do estilo centralizador e muitas vezes ditatorial do então presidente do Corinthians, o folclórico Vicente Matheus.

A equipe de futebol profissional do alvinegro atravessava uma grave crise em 1981, ano no qual haveria eleições para presidente do clube. Matheus, que ocupava o cargo ininterruptamente desde 1972, dispunha de poucas manobras para driblar os estatutos e permanecer à frente do Corinthians. Resolveu então indicar seu vice, Waldemar Pires, para concorrer como presidente. Matheus sairia na chapa como vice. Sua intenção era transformar Pires numa espécie de testa-de-ferro.

Mas o plano de Matheus não vingou. Após meses de disputa de poder, Pires assumiu plenamente a presidência do clube e passou a delegar funções a seus diretores e vice-presidentes, algo impensável nos tempos de Matheus. Principalmente após a indicação de Adílson Monteiro Alves para o cargo de diretor de futebol, estava criada a abertura necessária para que os jogadores, liderados por Sócrates e Wladimir, fizessem com que suas vozes fossem ouvidas pelos dirigentes do clube.

Começava assim a Democracia Corintiana, um período mágico e envolvente que influenciou o cotidiano paulistano durante o processo de abertura política vivido pelo país.

A nova filosofia consistia numa série de aberturas e concessões aos atletas. Dos jogadores, exigia-se dedicação ao clube e muito profissionalismo no trabalho. O elenco era sempre informado sobre as medidas adotadas pelo Departamento de Futebol do clube e decidia pelo voto direto, por exemplo, novas contratações sugeridas pelos diretores.

Caso um jogador tivesse a contratação aprovada, viria para o clube. Se a maioria do grupo rejeitasse, a contratação seria vetada e outro reforço seria procurado. Em respeito à democracia, o grupo também podia votar a saída de algum atleta do elenco. E sempre prevaleceria a decisão da maioria simples, como numa eleição democrática.

Muitos jogadores também engajaram-se no exercício da cidadania, filiando-se a partidos políticos e trabalhando ativamente em causas que julgavam honradas. Para reforçar o respeito à democracia no Parque São Jorge, não havia preconceito com relação à corrente política dos jogadores. Para citar alguns exemplos, enquanto Wladimir, Luís Fernando e Casagrande filiaram-se ao esquerdista Partido dos Trabalhadores (PT), Zé Maria elegeu-se vereador pelo Partido do Movimento Democrático Brasileiro (PMDB), de centro.

No clube, tanto no elenco quanto na diretoria, também existiam os inimigos do movimento, que fizeram de tudo para abalar o sucesso da nova filosofia que se implantava.

Para desespero de poucos e alegria da maioria, os títulos vieram e foram o combustível desse movimento que pregava, entre outras coisas, o fim da concentração para os casados e a participação proporcional dos atletas nas rendas obtidas pelo futebol do clube.

Foram tempos de revolução que não fariam sucesso sem ingredientes especiais como o Corinthians e sua fiel torcida. Tradicionalmente, no Corinthians, os fatos tendem a alcançar uma proporção – favorável ou não – muito maior que em outros clubes. Pequenos problemas transformam-se em grandes crises na mesma proporção em que conquistas muitas vezes comuns são comemoradas com a intensidade de um título mundial.

Estes foram apenas alguns dos motivos que transformaram a Democracia Corintiana num momento especial e memorável para a sociedade e o futebol brasileiros. Se tivesse acontecido num clube de pequeno ou médio porte, certamente o evento não teria ganho a mesma repercussão nem a mesma importância.

Para traçar um panorama geral desse período sem precedentes na história de nosso futebol, entrei em contato com Sócrates, o principal artífice do movimento. Uma série de entrevistas e uma ampla pesquisa em revistas e jornais da época possibilitaram a realização deste trabalho, cujo objetivo é resgatar a alma de um período num país pouco habituado a preservar sua memória.

A semente da democracia

Numa rara atuação com a camisa 9, Sócrates cabeceia bola em partida disputada no Pacaembu.

*E*xistiam no Corinthians duas pessoas com visões semelhantes: Wladimir e eu. Nós conversávamos muito e nos tornamos muito próximos. Até hoje somos muito ligados e amigos. Mas não foi desde a minha chegada que isso aconteceu. Eu não sou uma pessoa muito fácil de compartilhar meus sentimentos. Eu sou sociável, claro, mas sou difícil de me abrir. Ou era. Foi no processo de convivência com o Wlad que nós percebemos que tínhamos sentimentos muito parecidos. Era aquela coisa de questionamento sobre a forma como ocorriam as relações de trabalho, o convívio dos atletas, quais seriam as melhores soluções. Ele e eu tínhamos tudo isso muito claro em nossas mentes. Gradativamente, fomos criando um pensamento comum. Respeitando as nossas personalidades. Era, ao mesmo tempo, uma coisa nossa e uma luta meio individual. Mas a gente brigava para ir mudando as coisas.

Já éramos dois, um poder um pouco maior que o individual para tentar mudar alguma coisa. Nós vivíamos brigando com a estrutura. Tivemos grandes conflitos com a presidência do Corinthians. Eu fiquei quase um ano sem receber prêmio do Corinthians, entre 1979 e 1980. Nesse período, eu briguei com o clube porque vinha pleiteando uma melhora no contrato. Ao final de meu primeiro ano de Corinthians, eu havia chegado à seleção e passava um sufoco danado com as minhas contas pessoais.

É que fui para o Corinthians ganhando a mesma coisa que ganhava no Botafogo. Quis apostar nessa transferência e me arrisquei. Os gastos em São Paulo são bem maiores que os gastos em Ribeirão Preto. Mais da metade do meu salário ia para o pagamento do aluguel. Eu havia assinado por dois anos. Então propus ao Matheus a antecipação da renovação do contrato.

Eu iria ganhar mais, ficar mais tranquilo, e ele ganharia um ano a mais de contrato comigo. Eu queria adequar o salário à minha nova realidade profissional. Mas ele não quis. Dizia que não poderia criar uma exceção. Administrativamente correto, humanamente burrice. Passei então a não receber a premiação que era paga a cada jogo.

A premiação fazia parte do salário. Ela acumulava com o salário e você pagava imposto de renda sobre tudo. Tudo era salário. O valor do passe, inclusive, era proporcional ao que você ganhava. Era um cálculo prefixado. Você valia "x", proporcionalmente a quanto ganhava.

Então, eu deixei de receber os prêmios, pois o pagamento deles não era obrigatório. A única coisa obrigatória era o valor estipulado em contrato, que era um número sempre muito inferior ao que eles realmente pagavam. Nisso, eu comecei a não receber para diminuir o valor do meu passe. Dessa forma, eu poderia negociar melhor no final. Ele depositava em juízo e eu devolvia, também em juízo. Sorte minha que fiz alguns contratos publicitários no período que aliviaram o meu caixa.

Estava exercendo meus direitos. Meu poder de barganha era maior. Fiquei nessa situação quase um ano. Meu passe ficou barato para o que eu havia conquistado em valorização e o Matheus ficou pressionado no momento de renegociar. Passei quase dois meses negociando, fora de contrato, sem jogar.

Porém consegui renegociar meu contrato por um valor dez vezes superior ao que eu pleiteava um ano antes. Se eu não conseguisse renegociar, compraria minha liberdade e, se alguém quisesse me contratar, teria de passar por mim necessariamente. Meus direitos podiam não ser muitos, mas eu os exercia plenamente.

Passei pela novela que o Vicente Matheus sempre fazia na hora de renovar um contrato. Já existia um clima de disputa, de tentar melhorar as relações. Nós usávamos o poder que tínhamos, que era um tanto relativo.

Tudo isso foi criando a consciência de que nós, até por necessidade, estávamos começando a somar forças. Podemos considerar os últimos meses de 1981 como o momento no qual se iniciou o processo chamado Democracia Corintiana. Nós atravessávamos uma situação extremamente ruim, tínhamos um time fraco, saímos rapidamente do campeonato. Houve uma mudança de diretoria. Sai técnico, sai diretor. Um trauma absoluto. Ausência de poder, inclusive, dentro do processo operacional do time de futebol. Foi quando o Adílson Monteiro Alves chegou. Ele dirigiu-se a nós, jogadores, com o discurso de que não tinha nenhum conhecimento sobre o funcionamento de um time de futebol. E não tinha mesmo.

Ele era sociólogo, tinha uma visão diferente, e começou a sondar para saber qual forma de relacionamento deveria ser estabelecida. Nós colocamos nas mãos dele aquilo em que acreditávamos. A solução que imaginávamos. Precisávamos criar uma relação diferente e conseguimos convencê-lo. Convencê-lo não seria a palavra certa. Ele também tinha um sentimento semelhante e nós passamos a ter um parceiro de peso. O Adílson era alguém que representava a instituição Corinthians.

Começamos então a discutir como implantar isso, como fazer funcionar. Então começou um processo relativamente longo de experiências. No começo, você apanha muito. Algo novo é sempre motivo de inseguranças e inquietações. As pessoas tinham medo de participar, até porque um time de futebol é constituído por pessoas de pouca formação e habituadas ao paternalismo do meio.

Ascensão e queda de um ditador

Ditaduras derrubam regimes democráticos – ou de qualquer outra corrente – por meio de golpes e aniquilam a liberdade. Os ditadores gozam de apoio por parte dos setores mais conservadores, das oligarquias de poder e da elite da sociedade, todos preocupados em manter sua ascendência sobre os menos favorecidos e reprimir opositores. Com o tempo, os democratas recuperam seu espaço e conseguem a abertura desejada, até o fim da repressão. É quase sempre assim. A história está repleta de episódios para confirmar esse processo.

Pode parecer exagerado comparar a Democracia Corintiana com algum outro processo social que tenha restaurado a liberdade de um povo. Porém, o movimento teve méritos que precisam ser reconhecidos e documentados: cresceu em meio a um período de abertura política, também derrubou um ditador e foi uma pedra no sapato dos dirigentes interessados em manter o Corinthians e os demais clubes brasileiros num estágio atrasado, no qual os jogadores não gozam de direitos e são tratados como reles mercadorias num processo semiescravista.

A Democracia Corintiana esteve intimamente ligada ao processo de abertura política do Brasil após anos de um regime militar cruel com seus opositores e dissidentes. Os jogadores filiaram-se a partidos de acordo com suas convicções políticas e tiveram participação ativa em movimentos como o *Diretas Já!*, cuja proposta de eleições diretas foi rejeitada pelo Congresso Nacional em 1984.

Nos vestiários, os atletas discutiam mais política que futebol. Sócrates, o mais proeminente líder do movimento, conta que desde jovem conserva o hábito de separar a seção de esportes dos jornais, sem a ler, pois as informações que lhe interessam encontram-se em outros cadernos, como os de política, economia ou internacional.

O revolucionário sistema implantado no Corinthians a partir do fim de 1981 colecionou inimigos internos e externos, que atacavam justamente os principais êxitos do projeto. A maior participação dos jogadores nas decisões do Departamento de Futebol do clube, o fim da concentração para atletas casados e a participação proporcional destes no montante arrecadado nas bilheterias e sua divisão entre o elenco foram os principais alvos dos críticos do movimento.

Porém seria impossível compreender a Democracia Corintiana sem saber o que se passou no clube nos anos que a antecederam, especialmente nos quase dez anos consecutivos durante os quais Vicente Matheus ocupou ininterruptamente a presidência do Corinthians.

Centralizador e paternalista, considerado um símbolo pela maior parte dos torcedores corintianos, Matheus era um dos mais ferozes inimigos da abertura. Com simplicidade e inteligência, pulso firme e declarações folclóricas atribuídas à sua falta de estudo, em muitas ocasiões ele chegou a tirar dinheiro do próprio bolso para contratar jogadores. Seus adversários nunca ousaram acusá-lo de utilizar o clube para enriquecer ou se promover. Entre muitos elogios, pode-se dizer que ele vivia para o Corinthians.

Mas, individualista e um tanto prepotente, o folclórico presidente do clube entendia pouco de liberdade. Comandava o Corinthians com mão-de-ferro. Certa vez, ao comentar seu estilo de administração, declarou: "O Corinthians é uma ditadura mole!" Quando derrotado politicamente no clube, recorria à Justiça. As renovações de contrato dos atletas transformavam-se em verdadeiras novelas. Autoproclamava-se uma espécie de "defensor dos direitos do Corinthians".

"Ele podia ter todos os defeitos do mundo. Podem dizer o que quiser sobre o Vicente, que ele era centralizador e isso e aquilo. Mas ninguém nunca poderá dizer nada sobre sua honestidade e sua integridade. Além disso, ele amava o Corinthians acima de tudo, o que é difícil ver hoje entre os diretores", lembra Marlene Matheus, viúva do ex-homem-forte do Corinthians.

Ele foi eleito pela primeira vez em 1959, em substituição a Alfredo Ignácio Trindade. O Corinthians não era mais a máquina de jogar futebol do início dos anos 1950 e não obteve resultados expressivos nos campeonatos que disputou logo após a eleição de Matheus. Na época, Matheus ainda parecia um tanto tímido e evitava os holofotes. Dois anos depois, o ex-aliado Wadih Helu o derrotou nas eleições para a presidência do clube.

Durante os dez anos seguintes, Matheus lutou com unhas e dentes para reaver a presidência do clube de Wadih Helu, homem que o ajudara no início de sua trajetória no Corinthians. Em suas campanhas contra Helu, Matheus dizia-se contrário ao continuísmo e prometia, entre outras coisas, a volta das conquistas por parte do time profissional de futebol e o saneamento das finanças do clube.

Em 1971, sua chapa Revolução Corintiana aproveitou-se do mau momento que o Corinthians atravessava nos campos, voltou a declarar-se contrária ao continuísmo e saiu vencedora. Porém, numa manobra inesperada, Matheus preferiu ficar como vice-presidente, cedendo o cargo máximo da administração do Corinthians para o desconhecido Miguel Martinez. E Martinez foi um desastre. Além dos péssimos resultados no futebol, o clube passou a acumular dívidas.

Em 15 de agosto de 1972, o Conselho Deliberativo do Corinthians proclamou Matheus presidente. O novo mandatário prometia sanear as dívidas do clube, levar o futebol do Corinthians ao fim do jejum de títulos e construir um estádio à altura de sua imensa torcida. Por ter tido pouco tempo para agir, Matheus ganhou um voto de confiança nas eleições presidenciais em 1973 e logo ajeitou as contas do clube.

No futebol, o Corinthians voltava a aparecer no topo das tabelas. Durante esse período, o Corinthians voltou a disputar o título paulista pela primeira vez em dezessete anos, o que aconteceu em 1974. Mas o alvinegro do Parque São Jorge não resistiu ao poderoso Palmeiras de Ademir da Guia e continuou na fila. Crucificado pela derrota, o craque Rivelino acabou negociado com o Fluminense. Conhecido como "Reizinho do Parque", o tricampeão do mundo pela seleção brasileira em 1970 deixou o clube paulista sem nunca levá-lo a uma grande conquista.

Em vez de afastar o público, o jejum de conquistas parecia alimentar o fanatismo dos corintianos, e sua fiel torcida crescia ano após ano. Em 1976, cerca de 70 mil corintianos invadiram o Maracanã para assistir à semifinal do Campeonato Brasileiro daquele ano contra o Fluminense. Empurrado pela torcida em meio a um temporal, o Corinthians superou o tricolor carioca nos pênaltis e classificou-se para a decisão do título, vencida pelo Internacional de Porto Alegre.

O jornalista Robson Pereira conta que os corintianos não invadiram apenas o Maracanã. "Eles estavam por todo o Rio de Janeiro, nas praias, nas ruas, nos bares. Lembro-me de naquele dia estar na casa dos meus pais, na Lapa, e de ter visto corintianos parados nos bares de lá tomando cerveja. Da Lapa para o Maracanã são pelo menos uns vinte quilômetros de distância", relata.

Matheus também era o presidente do clube em 13 de outubro de 1977, quando Basílio acabou com o sofrimento da massa corintiana aos 36 minutos do segundo tempo da decisão do título paulista contra a Ponte Preta. Era o fim de um jejum que durou 22 anos, 8 meses e 7 dias. Segundo Matheus, aquela foi a maior alegria de sua vida. Em meio a tudo isso, Matheus pegou gosto pelo poder e obteve sucessivas reeleições até 1979, com mandato até 1981.

O fim do jejum tirou das costas dos jogadores corintianos uma grande carga, como afirmou recentemente o talismã Basílio. Em 1978, o Corinthians resolveu se reforçar após uma desgastante participação no Campeonato Brasileiro, iniciado em outubro do ano anterior.

Quando o Brasileirão se aproximava das rodadas finais, o Corinthians contratou Amaral, um zagueiro de toque refinado, tipo de jogador raro na defesa alvinegra.

No Botafogo de Ribeirão Preto vinha despontando um craque: Sócrates Brasileiro Sampaio de Souza Vieira de Oliveira. O nome é longo. Mais fácil é chamá-lo apenas pelo primeiro nome, Sócrates, ou Magrão, como ele prefere.

Entre o início de sua carreira no Botafogo até se formar em medicina, Sócrates passou a ser cobiçado por diversos clubes. Mas ele queria terminar a faculdade antes de ser negociado. O diploma, aliás, rendeu-lhe mais tarde o apelido de Doutor. Dos times interessados, era o São Paulo quem mantinha negociações em estágio mais avançado para contratá-lo.

Vicente Matheus podia não ser um homem estudado, mas sabia resolver situações práticas como ninguém. Segundo Sócrates, o São Paulo havia fechado um acordo com o Botafogo para efetuar sua contratação. "Não houve negociação comigo. O contato foi feito com a diretoria do Botafogo. O São Paulo pediu uma semana para levantar o dinheiro", recorda.

"Pelo que sei, o São Paulo pretendia negociar o Chicão com o Corinthians. Era uma transação tripla: o Chicão seria trocado pelo Cláudio Mineiro e o Corinthians ainda pagaria uma quantia ao São Paulo, que deveria ser usada para pagar pelo meu passe junto ao Botafogo. Depois o Matheus pulou na frente e me levou para o Corinthians", resume o Doutor.

Com a ajuda do irmão Isidoro, Vicente aplicou um golpe de mestre para ter Sócrates no Corinthians. Às vésperas de o São Paulo anunciar a chegada de Sócrates, Vicente Matheus recebeu uma visita.

"Um dia antes – e pouca gente sabe disso –, dois grandes corintianos de Ribeirão Preto que eram amigos do Sócrates vieram até a nossa casa", conta Marlene Matheus, que passou um mandato de dois anos na presidência do clube no início dos anos 1990 – sempre com Vicente tomando conta da administração, é claro.

"Eles contaram ao Vicente que o São Paulo contrataria o Sócrates no dia seguinte e disseram que gostariam muito que ele viesse para o Corinthians." Os misteriosos visitantes teriam dito: "Se o senhor não se apressar, o São Paulo vai levá-lo. Não deixa ele escapar".

Marlene, que considera o Corinthians uma religião, lembra que o falecido marido não confiava em ninguém e, como de costume, ficou intrigado com a notícia que acabara de receber. "Ele não me contava nada antes de acontecer. Só depois ele dizia como as coisas tinham acontecido. O Vicente então passou algum tempo tentando checar a informação. Quando ele descobriu que era verdade, pediu para o Isidoro almoçar com o Antonio Leme Nunes Galvão, presidente do São Paulo na época", prossegue Marlene.

Isidoro Matheus foi ao encontro para manifestar um suposto interesse do Corinthians por Chicão. "No raciocínio dos diretores do São Paulo, se o negócio envolvendo o Chicão se concretizasse, o clube teria dinheiro vivo para negociar a contratação do Sócrates", acredita ela. "Enquanto o Isidoro almoçava com o presidente do São Paulo, o Vicente viajou a Ribeirão Preto, acertou os detalhes e contratou o Magrão."

Mas os reforços não acabavam por ali. Para manter-se em dia com o folclore em torno de sua imagem, Matheus anunciou certo dia a contratação de um tal "Lero-Lero". Na verdade, ele se referia a Antonio José da Silva Filho, um ex-jogador do Sport Recife que atendia pelo apelido de Biro-Biro e transformou-se em um símbolo da torcida corintiana por seu espírito guerreiro.

Com as novas contratações e sem a pressão do jejum de títulos, o Corinthians iniciou o Campeonato Paulista de 1978 com a corda toda. O toque de bola do time era mais refinado e envolvente. O time iniciava a disputa com pinta de bicampeão. Sócrates e Palhinha formavam uma dupla de ataque infernal. Mas a equipe foi perdendo as forças ao longo da competição, que se estendeu até o ano seguinte, e deixou o título escapar.

O Corinthians voltou a conquistar o Campeonato Paulista em 1979. Em grande parte, a torcida corintiana deve esse título à prepotência de Vicente Matheus. Para o dia 11 de novembro daquele ano, a Federação Paulista de Futebol havia marcado uma rodada dupla para o Morumbi. Os jogos seriam Palmeiras x Guarani e Corinthians x Ponte Preta.

Matheus não aceitou a imposição. Ele alegava que a renda de seu clube seria prejudicada porque a torcida corintiana "seria superior às de Palmeiras, Guarani e Ponte Preta juntas". Na época, a renda dos jogos era a principal fonte de receita dos times de futebol. O caso foi parar na Justiça Desportiva. Com isso, o campeonato ficou paralisado durante alguns meses. Sua retomada ocorreu apenas no fim de janeiro do ano seguinte, quando o Corinthians eliminou o forte Palmeiras dirigido por Telê Santana numa semifinal e conquistou o título mais uma vez contra a Ponte Preta.

No futebol, os resultados contam muito para a manutenção de qualquer cargo. Os treinadores, muitas vezes injustamente, são sempre os primeiros a sair. Depois é a vez dos jogadores e, por fim, dos dirigentes.

Já em 1980, após a conquista do Campeonato Paulista de 1979, o craque Palhinha foi embora, Sócrates passou meses sem jogar devido a uma disputa salarial com Matheus e o Corinthians entrou em crise. No Campeonato Brasileiro daquele ano, o time ficou longe da disputa do título. No Paulistão, a derrota para a Ponte Preta na semifinal da competição tirou o Corinthians do caminho do bicampeonato.

Quem considerou 1980 um ano ruim para o alvinegro do Parque São Jorge não era capaz de imaginar o que aconteceria em seguida. Viria 1981, um dos piores anos da história do Corinthians.

Time desmotivado fracassa em campo em 1981

O Corinthians iniciou 1981 disputando um torneio internacional amistoso para promover a reinauguração do Canindé. O time foi derrotado pelo Sporting de Portugal por 1 a 0 no primeiro jogo, em 13 de janeiro. O resultado limitou o Corinthians à disputa do terceiro lugar, na qual venceu o Fluminense por 4 a 2 no dia 15.

Em seguida viria o Campeonato Brasileiro, com 44 participantes naquele ano. O Corinthians terminou a disputa na vergonhosa 26ª colocação, na pior campanha do time na história da competição. Em quinze jogos disputados, foram apenas onze os pontos conquistados pela equipe paulista. Ao todo, o alvinegro obteve quatro vitórias, três empates e oito derrotas. Sem Sócrates em campo devido à disputa das Eliminatórias para a Copa do Mundo de 1982, o Corinthians não começou tão mal. Em 18 de janeiro, estreou com vitória por 2 a 0 sobre o Galícia na Fonte Nova. No dia 21, venceu o Brasília por 1 a 0, também jogando fora de casa. Porém, logo na primeira apresentação diante de sua torcida na competição, no Morumbi, derrota para o Botafogo do Rio por 3 a 1. Mais um jogo em São Paulo e apenas um empate por 2 a 2 contra a fraca Desportiva.

No último dia de janeiro daquele ano, os comandados de Oswaldo Brandão foram a Porto Alegre enfrentar o Grêmio. Vitória gaúcha por 1 a 0, com gol de Tarciso aos 42 minutos do primeiro tempo. O Corinthians teria uma semana para se recuperar. Mas de nada adiantou o tempo. Em 7 de fevereiro, nova derrota por 1 a 0, desta vez para a Portuguesa, no Canindé. Quatro dias depois, o Corinthians voltou ao Morumbi para enfrentar o Goiás, mas ficou no empate por 1 a 1.

O Corinthians só voltou a vencer em 15 de fevereiro, novamente fora de casa, contra o Operário de Campo Grande. O resultado foi um magro 1 a 0. A primeira vitória em casa veio no jogo seguinte, no Morumbi, onde o Corinthians bateu o Pinheiros – que anos mais tarde se fundiria com o Colorado para formar o Paraná Clube – por 2 a 0.

Além de ter sido a primeira vitória do Corinthians diante de sua torcida em 1981, o jogo garantiu a classificação da equipe para a fase seguinte do torneio como quinto colocado do Grupo B, apesar de uma campanha desastrosa para um clube do porte do Corinthians. Infelizmente para os corintianos, os 2 a 0 sobre o Pinheiros representaram a última vitória da equipe paulista no campeonato nacional daquele ano.

Na segunda fase, o Corinthians caiu no Grupo F, ao lado de Bahia, Ponte Preta e Santa Cruz. Dois dos quatro times se classificariam para as oitavas-de-final após jogos de ida e volta entre todos eles. A tarefa não parecia ser das mais complicadas. Podendo contar com Sócrates apenas no último jogo desta fase, o Corinthians obteve apenas um ponto e foi eliminado da disputa.

No primeiro jogo, derrota para o Bahia, em Salvador, por 3 a 0. A partida seguinte, contra o Santa Cruz, marcou a estreia de Zenon, o homem que vestiria a camisa 10 do time durante a Democracia Corintiana. Mas, na história do clube, são raras as estreias de craques das quais o Corinthians sai vencedor. A estreia de Zenon não foi diferente. O Santa Cruz goleou por 4 a 1 em pleno Pacaembu. O gol corintiano foi marcado pelo próprio Zenon em uma cobrança de pênalti aos 42 minutos da etapa final, quando o adversário já vencia por 4 a 0.

No jogo seguinte, em Campinas, o Corinthians aguentou o empate com a Ponte Preta até os 43 minutos do segundo tempo, quando Nenê decretou a vitória pontepretana por 2 a 1. A situação era preocupante. O Corinthians tinha a obrigação de vencer os três jogos seguintes se quisesse a classificação.

Em 21 de março, o Corinthians voltou ao Pacaembu para enfrentar o Bahia. O tricolor baiano venceu por 1 a 0, gol de Toninho Taino a 10 minutos do fim da partida. Para piorar a situação, o Bahia jogava com um a menos, pois teve Édson Soares expulso. Uma semana depois, já eliminado, o Corinthians foi a Recife, onde foi novamente derrotado pelo Santa Cruz, dessa vez por 2 a 0.

A melancólica despedida daquele Campeonato Brasileiro marcou o retorno de Sócrates ao time corintiano após quatro meses de dedicação exclusiva à seleção brasileira para a disputa das Eliminatórias e de jogos amistosos. Esta foi sua única participação na trágica campanha corintiana no campeonato nacional daquele ano. Sem jogar pelo Corinthians desde novembro de 1980, o craque voltou a vestir a camisa 8 alvinegra em 5 de abril de 1981, no empate por 2 a 2 com a Ponte Preta.

O Corinthians até parecia mais aceso. Rui Rei abriu o placar para o Corinthians aos 23 do segundo tempo. Mas dois minutos depois Jorge Campos empatou para a Ponte. Aos 41, Serginho virou. Sócrates garantiu o empate a um minuto do apito final, tornando um pouco menor o vexame do Corinthians no Brasileirão de 1981. Apoiado por Vicente Matheus, o desgastado técnico Oswaldo Brandão ainda resistiria no comando da equipe até boa parte do Campeonato Paulista.

Os representantes do povo

Sócrates comemora gol do Brasil contra
a Itália durante a Copa de 1982.

O jogador de futebol nada mais é do que um representante de seu povo. O torcedor tem de se identificar com você e com seu trabalho. Dessa forma, sua linguagem externa tem de ser adequada ao que seu povo quer. Sempre pensei assim. Tenho de defender pontos de vista que sejam coerentes com o que meu povo quer.

Como jogador e cidadão, fui a figura escolhida por eles para encaminhar essas questões. Então sempre houve um retorno positivo. Se eu defendesse um discurso incompatível com a expectativa popular, eu seria execrado. Tudo aquilo que discutíamos durante a Democracia Corintiana pertencia à torcida. Era dela. Era o futuro do nosso país. Nossa repercussão popular foi muito maior do que na mídia.

É preciso levar em conta que se eu estivesse em um outro time que não tivesse tanta identificação popular como o Corinthians, mesmo que fosse um clube tradicional, não haveria a mesma repercussão para o movimento. Haveria identificação com a torcida também, mas o número de pessoas que nos acompanhariam seria bem menor. Poderíamos ter as mesmas propostas, mas a repercussão e a forma de realização seriam bem diferentes.

No Corinthians, você tem acesso a um número bem maior de pessoas. A repercussão do que aconteceu no Parque São Jorge extrapolou qualquer imaginação. Primeiro, porque aconteceu dentro do Corinthians; segundo, porque era o momento do país.

Apenas para citar um exemplo, se fosse no São Paulo, um time tão importante quanto o Corinthians, a repercussão não seria igual porque não existiria a massa do lado. Hoje o São Paulo até tem mais torcida do que tinha na época. Mas a discussão ficaria mais limitada por causa do número de pessoas envolvidas.

O Corinthians é capa de jornal esportivo quase todo dia, ganhando ou perdendo. Mas a torcida não tem poder sobre o time. A grande defesa do movimento eram as nossas atuações, as nossas campanhas.

Eu nunca li o que publicavam na imprensa sobre a gente, principalmente a análise das nossas atuações. Era uma coisa superficial demais. Eu sempre vi o futebol como algo muito mais grandioso do que é divulgado pela imprensa esportiva. Quando eu ia para a concentração, eu tirava a página de esportes e oferecia aos outros.

Waldemar Pires é eleito presidente

O começo de 1981 estava mesmo conturbado no Corinthians. Em meio à disputa do Campeonato Brasileiro, transcorria a campanha para a eleição daquele que ocuparia a presidência do clube pelos dois anos seguintes. Vicente Matheus ocupava o cargo ininterruptamente desde 1972. As forças de oposição cresciam para tentar derrubar o dirigente, que com o tempo passou de opositor a defensor do continuísmo — desde que, obviamente, ele permanecesse no poder.

Na época, as eleições no Corinthians eram realizadas a cada dois anos, sempre em anos ímpares. De forma alternada, votavam conselheiros e associados. Como em 1979 Matheus fora mantido na presidência pelos associados, dois anos depois a votação para presidente do clube seria protagonizada pelos conselheiros.

Naquele ano, Matheus não podia mais tentar driblar os estatutos e buscar a reeleição, como avisara o advogado Eurico de Castro Parente. Para evitar o retorno do grupo de Wadih Helu ao poder no clube e continuar influente nas decisões, Matheus preparou seu sucessor. Para isso, ninguém melhor que seu então vice-presidente, Waldemar Pires, um homem discreto e indiferente à badalação da imprensa, exatamente o oposto de Matheus.

Em 9 de abril de 1981 – somente quatro dias depois da eliminação do Corinthians no Campeonato Brasileiro – os membros do conselho foram às urnas e elegeram Pires presidente do Corinthians. Vice-presidente de Matheus nas gestões de 1977 e 1979, Pires encabeçou a chapa nas eleições de 1981. A ordem fora invertida. Pires para presidente; Matheus para vice. Pires era visto pela oposição e pela imprensa apenas como um "laranja" da situação, uma espécie de testa-de-ferro de Matheus.

"Eu entrei na diretoria do Corinthians em 1972, quando o Matheus assumiu a presidência depois de uma confusão envolvendo o Miguel Martinez. O Matheus me chamou para ser diretor de Finanças", recorda Pires.

"Em 1977, ano no qual o Corinthians saiu da fila, houve eleições no Corinthians e o Matheus me convidou para ser vice em sua chapa. Em 1979, fui eleito novamente vice-presidente com o Matheus à frente da chapa. Em 1981, o Matheus não podia mais concorrer por problemas estatutários e me indicou para ser presidente. Ele ficou na chapa como vice."

A chapa Pires–Matheus obteve 137 votos contra 101 da dupla Isidoro Matheus–José Borbola. Irmãos, Vicente e Isidoro estavam brigados na época e lutaram entre si pelo cargo máximo da administração do clube. No dia da eleição, fotógrafos tentaram registrar a imagem dos irmãos lado a lado. Vicente até parecia disposto. Mas a mágoa ficou evidente nas declarações de Isidoro à imprensa: "Sofri duas operações e o Vicente nem sequer telefonou para saber como eu estava. Não vejo motivo para tirar uma foto ao lado dele".

A vitória de Matheus deveu-se em grande parte a seu antigo

aliado e então desafeto Wadih Helu. Um grupo de cinquenta conselheiros vitalícios liderado por Helu, que deveria votar ao lado da chapa Isidoro-Borbola, não compareceu ao pleito, enfraquecendo a oposição. A chapa de Isidoro Matheus ainda obteve uma medida cautelar para garantir a quinze conselheiros o direito ao voto. Mesmo assim, a chapa encabeçada por Waldemar Pires obteve uma folgada margem de 36 votos e saiu vencedora.

Para os opositores, Waldemar Pires era o presidente de direito, mas não passava de uma espécie de fantoche de Vicente Matheus, que exerceria o poder de fato. Na prática, a candidatura de Pires foi uma manobra para driblar os estatutos do clube. Sem poder concorrer a mais uma reeleição, o centralizador Matheus concorreu como vice com a intenção de manter tudo como estava.

Mas essa impressão não era exclusiva da oposição. No dia da eleição, Mário Campos, então presidente do Conselho Deliberativo e estrategista da campanha da chapa Pires-Matheus, traiu-se pela força do hábito e disse: "Convido os senhores Vicente Matheus e Waldemar Pires a virem até a mesa para seus pronunciamentos".

Ao pronunciar o nome de Matheus antes do de Pires, Campos deixou transparecer a existência da possibilidade de o presidente dispor de menos poderes que seu vice. Matheus tentou dissipar as especulações. "Nós vamos mandar juntos", declarou. "Quando ele não estiver no clube, mando eu. Há algum problema nisso?", questionou.

Sócio do clube desde 1961, Pires também não ficou confortável com tais insinuações. Depois de ocupar diversos cargos importantes no clube, ele afirmava ser um homem de capacidade comprovada para dirigir o Corinthians.

Vinte anos mais tarde, ao recordar sua trajetória na direção do clube, o próprio Pires tem outra opinião. "Na época, eu acreditava não estar preparado para ser presidente do Corinthians. O clube tinha na época cerca de 100 mil sócios pagantes. Essa era uma responsabilidade muito grande. Mas eu me cerquei de um grupo de corintianos notáveis que ajudou muito e facilitou a administração."

Alguns cogitavam a hipótese de Pires renunciar para Matheus seguir presidente. Mas tal ideia logo foi descartada, pois os estatutos do clube determinavam que, na eventualidade de um presidente renunciar ao mandato sem ter cumprido pelo menos 75% dele, novas eleições teriam de ser imediatamente convocadas.

Tudo indicava que Matheus prosseguiria no poder por pelo menos mais dois anos. Mas não foi assim que aconteceu. Durante a campanha, Matheus prometia dedicar-se à sede social do clube e a setores desligados do futebol profissional. Porém, durante os primeiros meses da nova gestão, Matheus tentava interferir em todas as decisões a cargo do novo presidente.

"O Matheus era meu vice-presidente, mas centralizava muito. Ele queria mandar como se fosse presidente. Então eu me vi obrigado a tomar uma atitude", conta Pires, o presidente que meses mais tarde criaria a abertura necessária para o estabelecimento da Democracia Corintiana.

Sérgio Scarpelli, então diretor de finanças do Corinthians, acredita que a Democracia Corintiana pode ter surgido até por uma necessidade criada por toda aquela situação: "Quando o Matheus escolheu o Waldemar para sucedê-lo, eles inverteram a chapa das últimas administrações. Isso começou a amolar os dois, pois o Matheus não se comportava como vice".

Insatisfeito com a nova realidade, na qual seu poder não era mais absoluto, Matheus passou a afastar-se lentamente de suas funções no clube. Após passar quase uma década na presidência do Corinthians sem a interferência de ninguém, Matheus voltava a cuidar pessoalmente dos negócios em sua pavimentadora, cujo escritório localizava-se a poucos metros do clube.

Fracasso no Paulistão empurra

o Corinthians para a Taça de Prata

Prematuramente eliminado do Campeonato Brasileiro, o Corinthians estreou no Paulistão de 1981 em 29 de abril com um empate por 1 a 1 com o São José em pleno Pacaembu. Em 2 de maio, empate pelo mesmo placar com o Taubaté. Depois, 2 a 2 com a Francana. A sequência de empates não tinha fim. Em 10 de maio, igualdade sem movimentação de placar com o Comercial. Na quinta rodada, enfim, a equipe dirigida por Oswaldo Brandão conseguiu sua primeira vitória: 2 a 1 sobre o Juventus. Mas em seguida voltou a empatar por 2 a 2, dessa vez com a Internacional de Limeira. A primeira derrota veio na sétima rodada, quando o alvinegro foi batido pela Portuguesa por 1 a 0. Entre uma derrota e uma vitória, o sexto empate em oito jogos, dessa vez com a Ponte Preta, por 1 a 1.

À medida que o campeonato avançava e o Corinthians obtinha resultados apenas modestos para um clube de seu porte, cada jogo transformava-se então numa batalha política. As decisões no futebol profissional do clube transformaram-se em reflexos de sua crise político-administrativa interna. Inicialmente, Waldemar Pires ainda estava preso aos homens de confiança de Vicente Matheus, ainda influente nas decisões. Com o passar do tempo, de forma gradual, Matheus passava a se afastar da direção, o que permitiu a Pires e sua equipe de assessores tentar botar ordem na casa.

"No começo, não foi exatamente desarmonia, mas havia muita reclamação por parte do corintiano para saber quem era presidente de fato e quem era presidente de direito", observa Pires.

De repente, em meio ao período conturbado de sua presidência, o Corinthians conseguiu em campo uma sequência de vitórias importantes. Em 27 de maio, 4 a 1 sobre o Marília. Quatro dias depois, 2 a 0 sobre o Santos, que nunca venceu o Corinthians com Sócrates em campo. Só para variar, o Doutor deixou sua marca em cobrança de pênalti aos 8 minutos do segundo tempo. Zenon fechou o marcador aos 38.

Durante os seis anos em que vestiu a camisa alvinegra, Sócrates bateu 36 pênaltis, dos quais errou apenas um. Quando errou, ele estava no Corinthians havia apenas alguns meses. Na época, Zé Maria, Palhinha, Sócrates e Cláudio Mineiro revezavam-se nas cobranças de penalidades. O evento raro aconteceu no Pacaembu, na vitória alvinegra por 2 a 1 sobre o São Bento em 10 de março de 1979, em jogo válido ainda pelo Campeonato Paulista do ano anterior. Sócrates chutou e marcou, mas a defesa do São Bento invadiu a área e o árbitro Renato de Oliveira Braga ordenou a repetição da cobrança. Ao chutar novamente a penalidade, Sócrates mandou a bola na trave.

Em seguida, o Corinthians aplicou 2 a 0 sobre o XV de Jaú. Quando o time parecia ter embalado, derrota por 2 a 1 para o Guarani em Campinas. Mas o alvinegro voltou a vencer em seguida: 2 a 0 sobre o Botafogo de Ribeirão Preto e 3 a 1 sobre a Ferroviária. Em 18 de junho, uma derrota inesperada para o Noroeste por 1 a 0. Péssimo resultado às vésperas de clássicos importantes.

Na sequência, o Corinthians foi derrotado por Palmeiras e São Paulo — ambos por 2 a 1. A derrota para o tricolor do Morumbi, de virada, foi especialmente traumática. Joãozinho abriu o placar em favor do alvinegro apenas aos 32 minutos do segundo tempo. Quando todos pensavam que o São Paulo sucumbiria, foi o Corinthians quem não resistiu à pressão. Éverton empatou aos 40 e Valtinho reverteu a vantagem em favor do tricolor a 2 minutos do fim do jogo.

Nos vestiários, o técnico Oswaldo Brandão aproveitou a presença de todos os jornalistas ali presentes para acusar o goleiro César pela derrota. Atribuir a seus comandados a culpa pelas derrotas era um hábito cultivado por Brandão em tempos de vacas magras. Com o afastamento de Matheus, o técnico vinha perdendo gradualmente o apoio da diretoria. Waldemar Pires não era exatamente um fã de Brandão, apesar de respeitá-lo como profissional. A demissão do técnico — importante para algumas conquistas históricas do clube — era iminente.

O treinador também carecia de apoio junto aos torcedores e aos jogadores, especialmente por sua mania de culpar seus comandados pelos fracassos da equipe. Meses antes, Matheus afastara Amaral, Geraldão, Djalma e Vaguinho para satisfazer aos caprichos do técnico e solucionar as crises por ele criadas. Curiosamente, o resultado disso foi o fortalecimento da união do elenco.

De volta aos campos, para conter a sequência de derrotas, que tal mais um empate? Zero a zero com o América de São José do Rio Preto. Na última rodada do primeiro turno, o Corinthians bateu o São Bento de Sorocaba por 3 a 2 e terminou a fase na sétima colocação.

Se as coisas não andavam bem pelos lados do Parque São Jorge, estavam piores nos rivais São Paulo e Palmeiras, que terminaram o turno em 11º e 13º lugares, respectivamente. Para sorte do chamado "trio de ferro", enquanto a Ponte Preta conquistava o primeiro turno e garantia a vaga na final, houve um torneio seletivo que garantiria ao campeão uma vaga no octogonal do segundo turno.

Nessa seletiva, doze times foram divididos em três grupos com quatro agremiações cada um. O Corinthians até que foi bem, não fosse o número excessivo de empates. No primeiro jogo, empate por 1 a 1 com o São José. Em 15 de julho, depois de estar perdendo por 3 a 0, o Corinthians empatou heroicamente por 3 a 3 com o Juventus. Mas de nada adiantou a reação, exemplo típico da raça corintiana. Oswaldo Brandão, um dos técnicos mais vitoriosos da história do futebol paulista, foi demitido. A decisão foi tomada nas arquibancadas do Pacaembu por Waldemar Pires e seus diretores ligados ao futebol. No vestiário, o técnico sentiu que não ficaria mais no clube e comentou com o diretor Orlando Monteiro Alves que não tinha mais condições de continuar no cargo.

Brandão foi substituído por Julinho, um ex-preparador de

goleiros que vez por outra assumia interinamente o comando técnico da equipe. Ele estreou com novo empate, dessa vez com o Marília por 1 a 1. No início do returno, o Corinthians venceu o mesmo Marília por 2 a 1. No quinto jogo da seletiva, seria para o Corinthians ter em sua carteira mais um empate se não fosse uma decisão da Justiça Desportiva. Em 26 de julho, Corinthians e Juventus empatavam por 2 a 2 até os 46 minutos do segundo tempo, quando o árbitro Emídio Marques Mesquita assinalou pênalti em favor do alvinegro. Os jogadores juventinos impediram a cobrança da infração. Os pontos da partida foram dados ao Corinthians. Na última rodada, a vitória por 2 a 0 sobre o São José garantiu ao Corinthians uma vaga na final do torneio seletivo contra São Paulo e Palmeiras.

Em 2 de agosto, o São Paulo venceu o Palmeiras por 1 a 0. Dois dias depois, Corinthians e São Paulo ficaram no empate por 1 a 1. O Corinthians precisaria vencer o Palmeiras por dois gols para ficar com o título no jogo do dia 6. Mas o Palmeiras venceu por 1 a 0, gol de Freitas aos 19 do segundo tempo, e o São Paulo ficou com o título do torneio seletivo e uma vaga no octogonal.

Os novos diretores do Corinthians tinham plena consciência de que precisavam ter sucesso no futebol para permanecerem em seus cargos. Além disso, eles queriam fazer com que o clube esquecesse a década anterior, na qual Matheus presidira o Corinthians de forma quase ditatorial.

O ex-presidente ainda era visto como um "perigo", pois poderia querer voltar ao comando do clube. Como saída, os novos diretores passaram a fazer críticas sistemáticas à gestão de Matheus. Antes das eleições de 1981, Matheus falava muito sobre um superávit de Cr$ 100 milhões nos cofres do clube, o que significaria uma grande saúde financeira e uma excelente gestão das receitas obtidas por todos os setores do Sport Club Corinthians Paulista.

Para surpresa geral, logo após Matheus afastar-se do clube,

o dinheiro, que seria fruto de sua severa administração, não mais existia. Os Cr$ 100 milhões foram gastos em obras e contratações de jogadores, conforme publicou o *Jornal da Tarde* em 14 de julho de 1981.

No segundo turno do Paulistão de 1981, o Corinthians voltou a perder muitos pontos em empates, causando revolta entre os torcedores. Nos dois primeiros jogos, empates por 1 a 1 com São Bento e Francana. Em seguida, derrota por 1 a 0 para o XV de Jaú. Em 19 de agosto, o Corinthians venceu o América por 1 a 0, mas perdeu para o São José por 2 a 1 quatro dias depois.

Dando sequência à campanha irregular, empate por 1 a 1 com o Marília, vitória por 2 a 0 sobre a Ferroviária e derrota por 3 a 0 para o Juventus. Em 9 de setembro, 2 a 1 sobre o Guarani. No dia 12, derrota por 2 a 1 para a Inter de Limeira. Depois, vitória por 2 a 1 sobre a Portuguesa. Mas o Corinthians não conseguia mais ganhar dois jogos seguidos. Empatou com São Paulo (1 x 1), Santos (2 x 2) e Noroeste (1 x 1). A crise em campo se acentuava.

Em meados de setembro, após manter-se em silêncio por cerca de duas semanas, Mário Campos divulgou ter em seu poder uma carta assinada por Vicente Matheus na qual este pedia demissão do cargo de vice-presidente. A carta teria sido entregue a Campos, então presidente do Conselho Deliberativo, em 1º de setembro.

Junto à notícia de que Matheus pedira demissão do cargo, vieram à tona rumores de que Waldemar Pires poderia renunciar à presidência a qualquer momento. Se isso acontecesse, obrigatoriamente seriam realizadas novas eleições de diretoria no clube, como ordenavam os estatutos, e Matheus poderia candidatar-se novamente ao cargo máximo da administração do Corinthians.

Matheus alegava discordar dos homens que cercavam o presidente Waldemar Pires. O motivo implícito da indisposição de Matheus era o convite feito a João Mendonça Falcão para que ocupasse a diretoria de futebol do clube. Ex-presidente da Federação Paulista de Futebol, Mendonça Falcão era visto com desconfiança não apenas por Matheus, mas também por outros diretores, supostamente por ter votado para a chapa Isidoro Matheus-José Borbola nas eleições do primeiro semestre daquele ano.

Ainda segundo Vicente Matheus, "Mendonça Falcão passou muitos anos na presidência da Federação e, durante este período, o Corinthians nunca foi campeão. Por isso, eu acho que não adianta nada ele conhecer todos os truques que existem na Federação, pois isso não ganha campeonatos".

Apesar dos protestos, João Mendonça Falcão assumiu o cargo. Em 3 de outubro, o Corinthians conseguiu uma vitória suada por 3 a 1 sobre a Ponte Preta em Campinas. Mas em seguida perdeu em casa por 1 a 0 para o Comercial. No dia 11 daquele mês, empate por 0 a 0 com o Palmeiras. Três dias depois, o Corinthians bateu o Taubaté por 3 a 0. No último jogo do segundo turno, derrota por 3 a 1 para o Botafogo. A situação era crítica. Apesar de classificado para o octogonal do segundo turno, o Corinthians já estava rebaixado para a Taça de Prata do ano seguinte por ter acabado o estadual na oitava posição. Naquela época, a classificação nos estaduais determinava os participantes do campeonato nacional.

À medida que acabava o segundo turno do Paulistão e o fracasso em campo abatia o elenco, Pires conquistava aos poucos uma de suas mais importantes vitórias políticas como presidente do Corinthians. Em uma reunião do Conselho Deliberativo realizada em 13 de outubro, quando todos esperavam a abertura de uma nova batalha, Vicente Matheus resolveu permanecer no Corinthians e conformou-se com as limitações de seu cargo de vice-presidente.

Tal aceitação, na verdade, foi uma manobra do grupo de Matheus para evitar que seu pedido de renúncia ao cargo de vice-presidente fosse votado e acatado pelos conselheiros. Caso isso acontecesse, ele seria obrigado a afastar-se do clube até o fim da gestão de Waldemar Pires. É importante ressaltar que a carta de renúncia que Mário Campos disse ter em mãos em meados de setembro nunca foi vista por nenhuma outra pessoa. Muitos chegaram até mesmo a duvidar de sua existência. Recentemente, Marlene Matheus revelou estar em poder da carta e acusou Pires de ter traído Matheus. "O Waldemar era como um filho dele. O Vicente acreditava que o Waldemar nunca iria traí-lo. E eu tenho certeza de que o Waldemar, se fosse por ele — sem todas aquelas pessoas enchendo a cabeça dele —, jamais teria feito aquilo com o Vicente", acusa Marlene. Pires garante que não houve traição. "O Matheus era fogo. Se um diretor queria falar com o presidente, ele dizia: 'Vem falar comigo'. A pessoa dizia que queria falar com o presidente, no caso eu, e o Matheus respondia: 'Mas quem manda aqui sou eu'. Falava assim mesmo. Depois eu comecei a sofrer pressões de outros setores, como a imprensa. Além disso, nós temos uma vida profissional e pessoal a zelar. O que eu fiz não foi traição. Eu assumi funções e obrigações que eram minhas por direito. Se o Matheus agisse diferente, tudo isso teria sido evitado. Mas não foi o caso."

Fortalecido, Waldemar Pires aproveitou a reunião para deixar claro que aceitava unir o clube, mas exigia de Matheus que se limitasse a exercer o cargo de vice-presidente. Durante o encontro, Pires tomou a palavra e aproveitou para esclarecer algo que a maioria dos membros do Conselho Deliberativo parecia não entender, acostumada que estava com o estilo centralizador e ditatorial de Matheus: "Minha administração é marcada pela abertura, na qual cada um participa dentro de seus cargos".

Tímido e um tanto desanimado, Matheus comentou as declarações de Pires: "O Waldemar fala de abertura. Ora, o governo bolou a tal da abertura, trazendo um pessoal de fora [os exilados políticos] e tudo o mais. Agora, quem está no poder? É ele mesmo. Esse negócio de abertura, meu filho, é para inglês ver".

Como a história fez questão de demonstrar, tanto no Corinthians quanto no Brasil, a desconfiança de Matheus com relação à abertura política revelou-se errada. Paralelamente ao processo de abertura política vivido pelo país, nascia a Democracia Corintiana.

Quando as mudanças começam

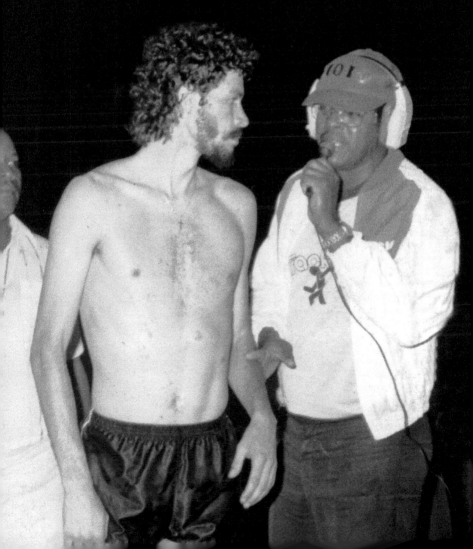

Waldemar Pires ergue o primeiro troféu conquistado pela Democracia Corintiana, durante excursão pela América Central.

O poder do futebol está em seu grupo de atletas. Podem tentar interferir, mexer, limitar, castrar, mas o poder mesmo está ali. A partir de algum momento, de alguma forma, isso se instalou como realidade no Corinthians. É claro que existiam algumas reações internas e muitas externas. Mas já não dava para mexer mais. Estava enraizado. Até porque a força que as pessoas adquirem numa situação adversa é enorme. Torna-se complicado alguém tentar destruir. Houve diversas tentativas, mas internamente eram bem mais discretas do que externamente.

O jogador de futebol não tem consciência de seu poder. Por que o nosso sistema social existe, ainda hoje, da forma como é? Porque pelo menos metade da população não tem consciência nenhuma daquilo que pode realizar. Se você não tem informação, você não sabe o que existe além de você.

Nós temos capacidade de discutir esse assunto principalmente porque estudamos. Na zona rural, sem acesso ao ensino e às informações, longe de tudo, o que podemos fazer? Nada. Você não conhece os meios. Pode até ser que, intuitivamente, você saiba que alguma coisa precisa mudar na vida. Se formos analisar a estrutura política do país hoje, mesmo pessoas como eu, que são privilegiadas, não têm acesso às decisões de poder.

No cotidiano, nós não temos nenhuma participação nas decisões do país. A nossa pirâmide de decisão só tem o topo. Mais nada. Imagine o cara que não possui conhecimento. Ele não tem como brigar no mundo de hoje. Se formos analisar cruamente, o atleta de futebol dos dias atuais é alguém que tem um poder econômico e político nas mãos que todo mundo sonha em ter. Mas ele não sabe usar, pois não tem informação.

Por que o atleta vive em guetos? O cara ganha R$ 100.000 por mês, tem bastante poder político, tem popularidade. Ele deveria ser um agente da sociedade. Ele deveria criar. Porém, ele se isola por falta de informação. E é isso o que o sistema quer conservar. Quanto mais ignorantes forem essas pessoas, mais fácil de elas serem controladas. A ignorância é um instrumento da opressão.

Só o conhecimento é capaz de quebrar esse ciclo. É claro que não podemos isolar o futebol. É necessário todo um processo social para que isso venha a acontecer. Mas a gente também pode transformar a sociedade por meio do futebol. É o único meio, penso, que pode acelerar o processo de transformação da nossa sociedade porque é a nossa maior identidade cultural. Todos entendem de futebol. De política, nada.

Poderíamos imaginar uma sociedade melhor do que é hoje. Eu, por exemplo, brigo para colocar na legislação que é preciso ter segundo grau para ser jogador de futebol profissional. É um absurdo observar os jogadores e constatar que a maior parte deles tem pouco ou nenhum estudo, pois o Estado tem a obrigação de dar isso para qualquer um de nós.

Com o estudo, o atleta vai passar a ser uma referência melhor. Pelo menos a criança que sonha ser um Ronaldinho ou um Romário da vida vai estudar. Ela vai ter que estudar para jogar. Assim, você já está ajudando a formar uma sociedade diferente. Através do esporte é possível o encaminhamento das coisas. Dar exemplos que contaminem o resto da sociedade.

Adílson Monteiro Alves e

Mário Travaglini chegam ao Corinthians

A situação era crítica. Nada dera certo em 1981. Pelo Campeonato Brasileiro de 1981, a equipe terminou na vergonhosa 26ª colocação, sua pior campanha na história do torneio. Pelo Paulistão, a modesta oitava colocação empurrou o Corinthians para a disputa da Taça de Prata em 1982, que representava a segunda divisão do Campeonato Brasileiro na época.

O técnico Mário Travaglini chegou ao clube quando quase tudo já estava perdido para o Corinthians em 1981. Oswaldo Brandão deixou o Corinthians em julho. Desmoralizado, ele se mantinha no cargo apenas pela influência de Vicente Matheus. Com Matheus desprestigiado no clube por tentar dar um golpe nos estatutos do Corinthians para seguir na presidência, Brandão foi substituído por Julinho.

Mas o Corinthians continuava mal. Os atletas não tinham mais confiança em seu potencial. Apesar de ter conseguido a classificação para o octogonal decisivo do Campeonato Paulista de 1981, a equipe terminou a competição em oitavo lugar. Como a tabela final dos estaduais influía na composição do Campeonato Brasileiro do ano seguinte, o Corinthians, assim como seu rival Palmeiras, teve de contentar-se inicialmente com a disputa da Taça de Prata de 1982 para quem sabe tentar um salto mais alto, já que o regulamento do Campeonato Brasileiro, absurdo como sempre, permitia a passagem para a Taça de Ouro no mesmo ano.

Em meio a toda essa confusão, diretores do clube chegaram a colocar seus cargos à disposição do presidente. João Mendonça Falcão demitiu-se do cargo de diretor de futebol em 19 de outubro. Duas semanas depois, mais precisamente em 4 de novembro, o posto passou a ser ocupado por Adílson Monteiro Alves. Adílson é filho de Orlando Monteiro Alves, na época vice-presidente de futebol do Corinthians.

Waldemar lembra que, na época, Orlando Monteiro Alves

queria ser o vice-presidente de futebol do clube. "Eu disse: 'Orlando, eu gosto muito de você, seu passado precisa ser reconhecido, mas eu preciso de uma pessoa mais ativa.' Não era nada pessoal mesmo. Se ele indicasse um nome, eu colocaria para provar que não era pessoal. Ele perguntou: 'Pode ser meu filho?' Eu disse que sim. Então ele trouxe o Adílson, uma pessoa que na época não tinha nenhum conhecimento específico no meio do futebol. Conversei com ele e o convidei para ser diretor de futebol. Ele aceitou. A partir de então, quem começou a comandar na prática o futebol do clube fomos eu, o Adílson e o Scarpelli. Nós estávamos sempre juntos", relata o ex-presidente corintiano.

Como não tinha experiência no ramo, o novo diretor de futebol começou a ouvir as opiniões dos jogadores e as mudanças foram começando aos poucos.

Julinho resistiu como treinador até a derrota para o São Paulo por 2 a 0, em 25 de outubro de 1981, gols de Serginho e Everton, dois jogadores que mais tarde vestiriam a camisa corintiana, o segundo com mais brilho que o primeiro. O jogo marcou a estreia do Corinthians no octogonal decisivo do Paulistão de 1981.

Dois dias depois foi anunciada a contratação de Travaglini. A notícia foi recebida com alguma surpresa. Em reunião realizada no dia 27, o próprio Julinho indicou Mário Travaglini para o cargo. "Isto fez parte de um acordo que fiz com o presidente Waldemar Pires. Quando assumi, sabia que se não obtivesse bons resultados teria de indicar o nome de um outro treinador", disse ele ao jornal *O Estado de S. Paulo* na época.

O ex-técnico explicou sua decisão: "Achei que o Mário seria o ideal por conhecer muito bem o futebol paulista. Numa hora como esta não seria interessante ter um técnico como o [Mário Jorge Lobo] Zagallo [que estava nos planos do Corinthians na época], que não tem esse conhecimento".

Após Julinho ter sugerido o nome de Travaglini e Pires

ter concordado com o preparador físico Hélio Maffia e com o diretor Sérgio Scarpelli de que ele seria o homem ideal para dirigir a equipe, o presidente do clube telefonou para o treinador. Durante a conversa, de pouco mais de meia hora, ficou acertada a contratação do novo técnico.

Mário Travaglini chegou ao Corinthians como uma espécie de salvador da pátria. Waldemar Pires ainda tinha alguma esperança de que ele conseguiria levar o Corinthians ao título paulista de 1981. Porém, o novo técnico tinha pela frente um elenco desmotivado e inflado.

A mudança de técnico, porém, chegou a ser um pouco questionada por alguns jogadores. Zenon, por exemplo, comentou na época que a saída de Julinho não era necessariamente a solução para aquela crise.

Travaglini estreou na segunda rodada do octogonal, quando o Corinthians obteve um empate por 1 a 1 com o XV de Jaú, fora de casa. "Não tinha muita coisa a fazer pelo time naquele campeonato. Eu precisava trabalhar o lado psicológico dos jogadores, que estavam visivelmente desmotivados", conta o técnico. No jogo seguinte, novo empate por 1 a 1, dessa vez contra o Guarani.

A primeira vitória do técnico chegou no terceiro jogo de Travaglini, quando a equipe da capital bateu o XV de Jaú por 2 a 0. Em seguida, empate sem gols com o Guarani. O Corinthians despediu-se do Campeonato Paulista em 15 de novembro, com uma vitória por 1 a 0 sobre o São Paulo, gol de Zenon, aos 24 minutos do primeiro tempo.

Apesar de não ter classificado a equipe para a fase seguinte, Travaglini conseguiu terminar a fase com duas vitórias e três empates nos cinco jogos em que dirigiu o time. Pelo fato de o elenco estar inchado e desmotivado, o resultado inicial podia ser considerado positivo.

"Quando cheguei para dirigir o Corinthians, havia 36 jogadores à disposição. Enxuguei o elenco até ficar com dezessete ou dezoito. Ao time principal foram integrados seis ou sete atletas dos juniores. Eles passaram a fazer parte desse grupo reduzido, o que ajuda a trabalhar melhor", recorda Travaglini.

Logo após a eliminação no Campeonato Paulista, o Corinthians seguiu para a cidade mexicana de Pachuca, onde disputou o Troféu Feira de Hidalgo. No primeiro jogo, em 18 de novembro, a equipe brasileira venceu o Independiente por 2 a 1. Tumultuado, o jogo foi encerrado aos 39 minutos do segundo tempo devido a uma pancadaria generalizada causada pelos jogadores argentinos.

Classificado para a final do Torneio de Verão, o Corinthians tinha um problema considerável: três jogadores foram expulsos na confusão com o Independiente. Mesmo assim, o alvinegro bateu o América do México por 2 a 0 e ficou com o título. O moral do time começava a ser recuperado.

Sérgio Scarpelli, o diretor financeiro, deslumbrou-se com o fanatismo da torcida corintiana: "Quando o ônibus do Corinthians parou em frente ao estádio em Pachuca, tinha um bando de torcedores corintianos com camisa, bumbo, tamborim, reco-reco, fazendo a festa. A gente pensou: 'Não é possível! O que esses caras estão fazendo aqui?' Não eram mexicanos que simpatizavam com o Corinthians. Eram brasileiros mesmo".

Após o título conquistado, o Corinthians deu sequência à excursão pela América Latina. Na Guatemala, venceu o local Comunicales por 1 a 0 e empatou por 0 a 0 com o Aurora. Em Curaçao, vitória por 6 a 0 sobre a seleção local. A partida – a última daquela excursão – foi disputada em 2 de dezembro.

Após o fim da turnê centro-americana e o retorno ao Brasil, o time começou a ser reformulado. Durante esta reformulação, o espírito da Democracia Corintiana começou a entrar em vigor. O elenco decidiu que alguns jogadores deveriam deixar a equipe, em especial os considerados mais individualistas, lembra o ex-lateral-esquerdo Wladimir. "O Rafael, por exemplo, que era nosso goleiro, um grande goleiro, foi um caso", conta.

"Na excursão pela América Latina, depois de passar algumas

semanas junto, você começa a conhecer melhor as pessoas, pois elas ficam mais sensíveis, ficam mais carentes. E nessa excursão nós percebemos duas pessoas extremamente individualistas, que eram o Rafael e o Paulo César Caju", recorda Wladimir.

"O Rafael às vezes achava que tinha que ganhar a posição no grito, porque era um goleiro bonito, alto, experiente. O reserva dele era o César, que era baixinho, feio, preto. O Paulo César Caju também pensava só nele, se achava o bambambã, campeão do mundo, essa coisa toda." Tanto Rafael quanto Paulo César Caju foram afastados do elenco alguns meses depois.

Os jogadores entraram em férias e já estavam mais tranquilos para trabalhar. Travaglini terminava o ano sem perder nenhuma partida no comando da equipe.

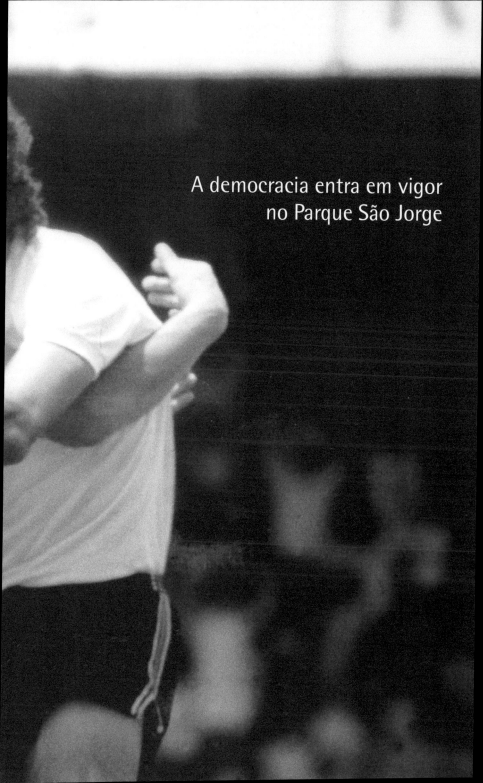

A democracia entra em vigor no Parque São Jorge

Sócrates e Casagrande formaram em 1982 e 1983 uma das duplas de ataque mais temidas do futebol brasileiro.
Nesta imagem, cultivam uma mania: comemorar gols.

É muito difícil saber quem é a pessoa de verdade dentro de um sistema de trabalho. Ela não se manifesta, não se apresenta, não se mostra. Ela tem muito receio. Essas pessoas são coagidas o tempo todo. Com o tempo, nós passamos a exercer o direito de voto dentro do Corinthians. Este foi o mote que gerou a transformação de todo o processo de relacionamento. Originou até o nome: Democracia Corintiana. Tudo por causa do direito de voto. Nós passamos a exercer uma forma de relacionamento na qual o voto era essencial.

Tudo era votado. Essa foi a ação mais concreta do processo. Dissemos: "A partir de hoje, o que for coletivo, nós vamos votar!" Fazíamos tudo respeitando as funções profissionais de cada um: jogador tem de jogar; técnico tem de treinar; preparador físico precisa preparar fisicamente; o médico tinha que fazer seu trabalho. A partir do momento em que passamos a votar tudo o que era coletivo, era iniciado um processo político, de formação política, de informação política.

Qualquer questão era levada a voto. Qualquer um podia apresentar um assunto para votação. Quando viajar? A que horas viajar? Onde concentrar? Tudo era discutido. Nós tínhamos sempre algumas opções.

Levávamos em consideração a possibilidade econômica do clube. Sabíamos até quanto eles podiam chegar. Dentro das possibilidades, nós colocávamos as opções que se encaixassem. Nós nos reuníamos no vestiário ou no campo e decidíamos. A partir de então, nós começamos a exercer isso semanalmente. Falávamos sempre sobre uma série de coisas, inclusive horário de treino. Discutir e votar eram quase um vício.

No começo, as pessoas tinham muito medo de se manifestar. Dentro desse universo havia um representante do poder, que era o diretor de futebol. Qual seria a consequência contra cada uma delas se tomasse uma posição? O Adílson representava o clube, mas tinha também direito a um único voto.

Liberdade é algo que gera responsabilidade. É preciso saber equilibrar e administrar esses dois aspectos. Gradativamente, nós começamos a mostrar para as pessoas com as quais nos relacionávamos profissionalmente que o voto delas era fundamental. Elas passavam a ter um peso muito grande, muito maior do que talvez no time. Um jogador que fosse reserva no time e não ia jogar nunca tinha peso político igual ao meu, que era jogador de seleção, ou de qualquer outro titular. Era uma oportunidade que esse atleta-cidadão não teria em nenhum outro lugar.

Com isso, nós começamos a atrair as pessoas, fazer com que elas se interessassem, expusessem sua opinião. Tudo era muito discreto no começo, havia alguma dificuldade, mas depois esse relacionamento começou a crescer mais rapidamente. O contexto de relacionamento mudou. Nós passamos a representar nossa opinião naquilo que nos interessava.

A volta por cima no Brasileirão em 1982

Depois de uma bem-sucedida excursão pelas Américas Central e do Norte no fim de 1981, o Corinthians fez seu primeiro jogo de 1982 contra o Estudiantes da Argentina no Pacaembu. O time paulista venceu o amistoso internacional por 1 a 0, gol de Zenon, em 21 de janeiro daquele ano.

Três dias depois, o alvinegro estrearia no Campeonato Brasileiro contra o América do Rio. Tudo seria normal se esse jogo não fosse válido pela Taça de Prata, a então segunda divisão do futebol nacional. Depois de uma péssima campanha no Brasileirão de 1981, o Corinthians também não obteve sucesso no Campeonato Paulista daquele ano. A modesta oitava colocação na tabela final obrigou o time a jogar a segunda divisão.

Apesar disso, havia uma luz no fim do túnel. Os melhores da Taça de Prata ascendiam à Taça de Ouro no mesmo ano e podiam até mesmo aspirar ao título de melhor time do Brasil. Como fazia parte do regulamento, restava ao Corinthians tentar. E com dois gols de Mário o Corinthians bateu o América por 2 a 0 e estreou bem na competição.

Porém logo vieram os tropeços inesperados e o caminho do Corinthians parecia interrompido. A onda de insucessos de 1981 parecia não ter fim. Em 28 de janeiro de 1982, o Corinthians empatou por 1 a 1 com a fraca Colatina em pleno Pacaembu. No jogo seguinte, empate sem gols com a modesta Catuense.

O Corinthians precisava então vencer o Guará, do Distrito Fedcral, para ainda sonhar com a fase seguinte. O técnico Mário Travaglini resolveu então lançar como titular um atacante das equipes de base que no ano anterior fora emprestado à Caldense, time pelo qual disputou o Campeonato Mineiro de 1981 e sagrou-se vice-artilheiro da competição.

O então desconhecido Walter Casagrande Júnior fez sua estreia em grande estilo. A revelação abriu o placar logo aos 4 minutos de jogo. Jânio empatou para o Guará aos 17. Mas Casagrande estava inspiradíssimo e voltou a marcar aos 24 e aos 27 minutos do primeiro tempo. A fiel torcida corintiana já estava a seus pés. No segundo tempo, Biro-Biro ampliou a vantagem corintiana aos 5 minutos. Aos 43, Casagrande voltou a marcar. Era seu quarto gol pelo time profissional. E isso apenas no jogo de estreia. A jovem revelação vingou. Meses depois, Casagrande já seria apontado como um dos líderes da Democracia Corintiana, assim como um ídolo de sua torcida.

No jogo seguinte, o Corinthians venceu o baiano Leônico por 3 a 1. Detalhe: Casagrande fez mais um. A vitória qualificou o Corinthians para a fase seguinte da Taça de Prata. Restavam dois jogos. Bastava ser primeiro colocado em sua chave para voltar à primeira divisão.

O jogo de estreia foi contra o Fortaleza. Mas o dia não seria de Sócrates nem de Casagrande, mas de Zenon. O Fortaleza saiu na frente com Miltão. Aos 44 do primeiro tempo, Zenon empatou. Era o ânimo que faltava. O Corinthians voltou arrasador para a etapa final. Sócrates ampliou aos 5 e Zenon fez mais dois gols, um aos 9 e outro aos 13. Mazolinha ainda diminuiu para o Fortaleza, mas o Corinthians já havia dado um grande passo.

O último adversário seria o Campinense, da Paraíba. É verdade que, se ficasse de fora, o Corinthians ainda teria chance de jogar mais uma fase da Taça de Prata para tentar chegar à de Ouro. Mas era melhor não dar sopa para o azar. O primeiro gol corintiano saiu aos 6 minutos da etapa final, com Eduardo. Casagrande ampliou aos 38. A torcida foi à loucura. Um gol contra de Zé Maria pôs números finais ao jogo: 2 a 1 para o Corinthians e a classificação para a Taça de Ouro.

Tudo era festa na torcida até ver a chave na qual o Corinthians havia caído. Para seguir em frente, o Corinthians teria de sobreviver entre os poderosos Atlético Mineiro, Flamengo e Internacional. Para uma equipe que andava com o moral em baixa, sobreviver na competição em uma chave como essa seria uma tarefa hercúlea.

Como resultado da surpreendente virada, 91.811 torcedores pagaram ingresso para assistir ao retorno do Corinthians à divisão principal do futebol brasileiro no dia 27 de fevereiro. O adversário: o Flamengo de Leandro, Zico e Júnior, entre outros craques de nível de seleção. Wladimir abriu o placar aos 27 minutos de jogo. Zico empatou aos 43 da mesma etapa. Mas o empate em casa com o Flamengo até foi considerado um bom resultado, uma sensação rara no futebol.

A verdade é que, na teoria, os outros times tinham a obrigação de vencer o Corinthians. Na sequência, o alvinegro paulista bateu o Internacional por 2 a 0 em pleno Beira-Rio, gols de Casagrande e Sócrates, e atropelou o Atlético Mineiro por 3 a 1, de virada, em pleno Mineirão.

De volta a São Paulo, o Corinthians voltou a vencer os mesmos adversários, para delírio da fiel torcida. O Timão bateu o Inter por 1 a 0 e o Atlético por 2 a 1 e garantiu sua classificação no primeiro lugar da chave, considerada na época uma espécie de grupo da morte. Nem a derrota para o Flamengo por 2 a 0 no Maracanã tirou o brilho da façanha. A derrota para o rubro-negro carioca, em 25 de março, foi a primeira com Travaglini no comando técnico da equipe, cargo que ele ocupava havia quase cinco meses.

O Corinthians respirava novos ares. A volta por cima estava dada e o time já estava nas oitavas-de-final, fase na qual teria pela frente o Bahia. No jogo de ida, em Salvador, empate por 1 a 1. Na partida de volta, o Corinthians não tomou conhecimento do adversário e o goleou por 5 a 2. Nas quartas-de-final, o Corinthians venceu o Bangu no Maracanã por 1 a 0 e perdeu no Morumbi por 2 a 1, classificando-se para a semifinal contra o Grêmio, que ostentava o título de campeão brasileiro.

Alguns diziam que o Corinthians tinha ido longe demais. Não era o que os jogadores pensavam. No primeiro jogo, disputado no Morumbi, o Corinthians parecia afobado e aos 20 minutos de jogo o Grêmio já vencia por 2 a 0. Sócrates descontou, mas o time não conseguiu reagir.

No jogo de volta no Olímpico, Sócrates deu alento à torcida corintiana ao colocar a equipe paulista em vantagem. Mas o Grêmio logo dominou a partida e o primeiro tempo terminou empatado por 1 a 1. No fim, vitória gremista por 3 a 1. No afã de encontrar um culpado, o goleiro César, considerado "baixinho" para a posição, arcou com a maior parte da responsabilidade, supostamente por ter falhado em lances cruciais nos dois jogos. O Corinthians podia estar eliminado, mas sua autoestima fora reconquistada.

A simplicidade e a eficácia da administração democrática

A maior parte do sucesso da Democracia Corintiana deve-se a seus jogadores. Sem futebol bonito, bons resultados e títulos, a sobrevivência de um projeto revolucionário é impossível num meio retrógrado como o futebol.

Porém, a implementação do sistema seria impossível se os dirigentes dos clubes não estivessem antenados com o debate que ocorria no elenco. Adílson Monteiro Alves fazia a ponte entre os jogadores e a diretoria. As reivindicações dos atletas e da comissão técnica passavam por ele, assim como as ordens provenientes da diretoria eram passadas ao elenco por ele.

No âmbito político interno, o ingrediente central era a presença de Waldemar Pires, um presidente seguro o bastante para delegar funções a seus homens de confiança. "Todos os diretores e vice-presidentes se reportavam ao Waldemar Pires", conta o publicitário Washington Olivetto, responsável pela imagem do Corinthians democrático. "Nós procurávamos mostrar que o Waldemar era o mentor de tudo aquilo. Ele não competia com a gente e a gente não competia com ele. Para aquele momento, posso dizer que o Waldemar era o presidente ideal", garante Olivetto.

"A Democracia Corintiana foi uma forma de administração até então desconhecida — se conhecida, nunca havia sido aplicada", comenta o ex-vice-presidente de Finanças do Corinthians, Sérgio Scarpelli.

"Nossa intenção era descentralizar. O Waldemar foi o grande artífice disso, pois conseguiu exercer uma forma de administração bem liberal no futebol. Ele delegou funções a pessoas experientes, ou pretensamente experientes."

Para Scarpelli, os jogadores compreendiam perfeitamente quais eram suas obrigações: "Eles tinham muita responsabilidade. Se o jogador não estivesse dentro do esquema de liberdade com responsabilidade — e não era liberdade vigiada; cada um era dono do seu espaço —, se não produzisse, não tinha como fazer parte do time".

Publicamente, os dirigentes de outros clubes procuravam não demonstrar interesse pelo modelo empregado no Corinthians. Porém, com o sucesso e os títulos, presidentes e diretores de adversários do alvinegro começaram a se articular.

Com o desenrolar da história, hoje em dia é difícil imaginar que logo após a Democracia Corintiana pudesse surgir a "Democracia Palmeirense" ou a "Democracia São-Paulina". Mas por pouco isso não aconteceu.

"A administração do Corinthians era extremamente organizada, ao contrário do que dizia a oposição conservadora. Nossa experiência administrativa serviu de modelo para o São Paulo e quase serviu de modelo para o Palmeiras. O Paschoal Walter Byron Giuliano, eleito presidente do Palmeiras em 1983, queria que eu e o Adílson fôssemos trabalhar no Parque Antártica quando acabasse nossa gestão no Corinthians", revela Sérgio Scarpelli.

"Você imagina uma coisa dessas? Eu sou sócio do Corinthians desde criancinha. Como eu poderia trabalhar no Palmeiras? Eu não podia ir. Mas ele chegou a me fazer uma proposta. Nós não poderíamos nunca abandonar o Corinthians para desempenhar uma gestão semelhante em nosso maior rival", analisa ele ao explicar a recusa.

"A Democracia Corintiana foi um negócio que deu certo. Não existia jogo que não esgotassem os ingressos. O Corinthians nadava em dinheiro. Nosso projeto não era muito bem visto pelos conservadores, pelos ditadores, pois minava o poder deles. De qualquer forma, era um movimento que mudaria o jeito do futebol brasileiro se tivesse sequência."

De acordo com Scarpelli, o único clube que ainda conserva

um sistema contra o continuísmo é o São Paulo: "Lá os presidentes respeitam os estatutos e dificilmente se reelegem. No Palmeiras e no Corinthians ninguém mais respeita estatuto. O Mustafá Contursi só sai morto, o Alberto Dualib só sai morto. O que temos hoje no Corinthians é uma ditadura. Em nossa época, a democracia foi nosso estilo de governo. Nós governávamos um bem pertencente a uma comunidade. Ninguém sabe o número exato, mas são milhões e milhões de torcedores corintianos espalhados pelo mundo".

Determinar o número de sócios é bem mais fácil que o de torcedores. Porém, em menos de duas décadas, o Corinthians perdeu uma base de dezenas de milhares de sócios que demorou mais de meio século para ser construída. No início da década de 1980 o Sport Club Corinthians Paulista possuía aproximadamente 120 mil associados. Em setembro de 2002, após uma vertiginosa queda, eram 23.724 sócios – entre titulares, dependentes e remidos (não pagantes). Porém, segundo fontes ligadas à administração do clube, mais da metade são sócios remidos. O número de associados pagantes beira os 4 mil, número semelhante aos registrados durante a década de 1930.

Entre os motivos para a fuga dos associados, especialistas apontam falhas de planejamento devido à expansão dos condomínios com piscina e quadra poliesportiva em São Paulo e seus arredores, o que diminuiria a importância do clube na vida social da cidade. De acordo com funcionários do Corinthians, o fenômeno pode ser constatado em todos os grandes clubes da cidade.

Ainda enquanto a Democracia Corintiana estava em vigor, Casagrande, um de seus principais expoentes, foi emprestado ao São Paulo. Muitos diziam que ele teria sido emprestado por causa de um desentendimento com Adílson Monteiro Alves. Porém, o próprio Casagrande conta que o principal motivo para que deixasse o Parque São Jorge e fosse para o Morumbi foi uma conversa com Cilinho, então técnico do São Paulo.

"Ele não era um lutador da democracia, mas se interessava

pelo que acontecia no Corinthians e se esforçava para que o nível cultural dos jogadores com os quais trabalhava fosse um pouco melhor. Logo quando cheguei ao Morumbi – na época não existia o centro de treinamento do São Paulo na Barra Funda –, ele reuniu o grupo no centro do gramado e me pediu que contasse aos jogadores como as coisas funcionavam no Corinthians", relata Casagrande.

"Contei tudo para eles. Expliquei que não se tratava de uma baderna, como boa parte da imprensa e os críticos gostavam de rotular nosso projeto. O mais fantástico desse trabalho com o Cilinho era a forma como ele lidava com os atletas. Após as partidas, ele dava um livro de presente para o jogador que ele considerasse o melhor em campo. Quando o fim de semana se aproximava, ele dava opções de cinema e teatro nos nossos horários livres. Ele se preocupava com a cultura do país e dos jogadores. Ele cairia como uma luva se estivesse no Corinthians na época, mas não foi o caso", prossegue.

"Nos meus tempos de Corinthians, eu ia para todos os lados atrás de shows, peças de teatro e outras manifestações culturais. Às vezes eu ia sozinho mesmo. Quando estive no São Paulo perdi as contas de quantas vezes nós, jogadores e comissão técnica, assistimos a peças e a shows juntos", relembra.

Casagrande diz nunca ter sofrido preconceito por parte de jogadores de outros clubes por causa do que acontecia no Corinthians. "Pelo contrário. Dos jogadores de outros clubes nós sentíamos que havia curiosidade e admiração. Nunca sofri preconceito por causa da Democracia Corintiana. Algumas pessoas ligavam para saber como as coisas funcionavam lá no Corinthians. O Reinaldo, ex-atacante do Atlético Mineiro, foi um deles. Ele telefonou certa vez e conversamos bastante a respeito", revela.

Segundo ele, a "falta de hábito" fez com que o projeto não fosse para a frente no Corinthians nem em outros clubes após a saída das pessoas que lutavam pelo movimento. "Não conseguimos deixar a Democracia Corintiana enraizada. A falta de liberdade é cômoda para os jogadores. Eles preferem não se envolver. Gostam do paternalismo e da forma como os dirigentes cuidam de tudo, centralizando as decisões. Eles vão treinar no horário determinado sem tentar mudá-lo, pegam as passagens na mão, os hotéis já todos reservados, e entram em campo para jogar seu futebol. Eles não lutam por melhorias porque gostam da forma como as coisas funcionam", analisa.

O ex-lateral-esquerdo Júnior, que fez história no Flamengo, lembra que, pouco antes de a Democracia Corintiana começar, foi plantada uma semente no Flamengo. "Com a chegada do Carlos Alberto Torres para dirigir a equipe, também veio à tona uma constatação de que os atletas eram profissionais o suficiente para não precisarem se concentrar com tanta antecedência para os jogos. Não era necessário ficar em cima dos jogadores. Todos sabiam de suas responsabilidades", afirma.

"O que aconteceu no Corinthians foi muito mais liberal. Liderados pelo Sócrates, pelo Wladimir, pelo Casagrande e pelo Adílson, o Corinthians passou a viver momentos de mais liberdade em diversas formas dentro do clube", comenta.

Wladimir, por sua vez, lembra ter sido contratado pela Ponte Preta com a intenção de desenvolver no time de Campinas um trabalho semelhante ao realizado no Corinthians.

"O Carlos Vacchiano, então presidente da Ponte, era uma pessoa antenada com os ideais de liberdade. Eu fui contratado ao lado do Luís Fernando, que participou da Democracia Corintiana, e do Raí, irmão do Sócrates. O Vacchiano nos disse: 'Eu gostaria que vocês trouxessem a experiência da Democracia Corintiana para a Ponte Preta, pois ela foi muito interessante'", explica o atleta que mais vezes vestiu a camisa alvinegra (803 jogos em quase 15 anos de clube).

"Naquele momento eu percebi que nosso esforço não foi em vão. Houve repercussão. Infelizmente, apesar da boa vontade da diretoria, encontramos um grupo totalmente distinto. Nós éramos apenas três ou quatro entre quase 30 pessoas", lamenta.

Para Washington Olivetto, após o fim da Democracia Corintiana tudo voltou a ser como antes no futebol brasileiro. "Esta foi uma experiência provada e comprovadamente bem-sucedida, contemporânea, moderna, legal, historicamente importante. Hoje eu tenho a sensação de que o futebol continua quase a mesma coisa que a gente pegou naquela época. O progresso no futebol é biodegradável. Você faz, faz, faz e depois tudo some", lamenta.

"Nós seguíamos muito a intuição. A Democracia Corintiana foi um avião que a gente consertou em pleno voo o tempo inteiro, mas que voou direito", conclui.

A democracia em ação

Corinthians perfila-se antes de mais
um jogo na campanha do bicampeonato
paulista, em 1983.

*H*avia dentro do Corinthians jogadores filiados a agremiações políticas de diferentes correntes. Alguns se filiaram ao PT, outros ao PMDB. Dentro do grupo existia um sentimento democrático. Isso era estimulado. Exatamente por esse motivo as coisas funcionavam. Não existia consenso. Íamos para o voto e a maioria simples vencia. Eu mesmo perdi uma série de votações, mesmo sendo apontado como uma espécie de cabeça do processo. Na verdade, eu era a pessoa mais articulada para defender o movimento. Os outros tinham mais dificuldade de harmonizar o conteúdo e defender o processo publicamente.

Eu e o Wladimir íamos para a rua e botávamos a cara pra bater. Os outros talvez não tivessem tanta formação pra isso, mas participavam ativamente do processo. Existiam reações. Tinha gente que não se sentia confortável com a história.

É a tal de responsabilidade. O atleta de futebol tem o vício de viver numa estrutura paternalista na qual ele não tem responsabilidade nenhuma. Nós estávamos revertendo esse processo — sem a mínima necessidade, na cabeça de muita gente. Nós poderíamos ter ficado quietos no nosso *canto e ninguém mexeria com a gente. Ficaríamos fazendo nossa coisa quadradinha e ninguém nos incomodaria.*

Teve gente que demorou quatro ou cinco meses para colocar o primeiro voto. A politização do processo também incomodava muito. Algumas pessoas não tinham preparo. Num primeiro momento, isso é assustador. Você é colocado numa situação sobre a qual você não conhece nada, você não tem argumento para responder e vive tudo aquilo; é um agente do processo sem saber exatamente quais as consequências dele. É claro que isso é complicado.

Muita gente, cada um em seu tempo, teve muita dificuldade. Havia medo e insegurança. É natural. Mas tenho certeza de que hoje todos aqueles que viveram a Democracia Corintiana, pelo menos aquelas pessoas que têm noção de quem são, que têm um mínimo de autocrítica, podem afirmar que cresceram muito. Foi um crescimento profissional e humano. Porém, mais humano do que profissional, na minha opinião.

Washington Olivetto "percebe" o termo Democracia Corintiana

Waldemar Pires passou a delegar as funções quando assumiu plenamente a presidência do Corinthians. Para isso, ele preferiu associar-se a corintianos notáveis. "Não importava se a pessoa pertencia a uma facção política diferente, se era leal ao Matheus ou ao Helu. Em meu segundo mandato, designei alguns vice-presidentes que me ajudaram muito. Foram os casos de José Borbola, Bernardo Goldfarb, Sérgio Scarpelli, Romeu Tuma, Washington Olivetto, Orlando Monteiro Alves, entre outros", lembra Waldemar Pires.

Para fazer a ponte entre os jogadores e a diretoria, Orlando Monteiro Alves designou seu filho, Adílson, para o cargo de diretor de futebol. Logo no começo de seu trabalho, Adílson Monteiro Alves encantou-se com uma entrevista na revista *Status* na qual um gênio da publicidade brasileira confessava sua paixão pelo Corinthians. Tratava-se de Washington Olivetto.

"Certo dia, o Adílson me telefonou. Ainda não nos conhecíamos. Combinamos um drinque no Plano's Bar, um badalado ponto de encontro que reunia intelectuais, homens de negócios, escritores, entre outras pessoas, ali na Rua Oscar Freire", recorda o publicitário.

O interesse de Adílson no trabalho de Olivetto surgiu principalmente devido a uma então recente regulamentação que permitia o uso da camisa como espaço publicitário. Até o início dos anos 1980, os clubes não podiam utilizar patrocínio em seus uniformes.

"O negócio é o seguinte. Eu queria te convidar para trabalhar no Corinthians, pois eu tenho lido sobre a existência do negócio de *marketing* no futebol. Eu não entendo disso, mas você poderia me dar uns palpites", explicou Adílson a Olivetto.

"Olha, Adílson. Da mesma maneira que eu só trabalho com iniciativa privada, não faço campanhas políticas nem aceito contas de governo, eu só trabalho para o Corinthians se for de graça. Eu não quero que seja passada a sensação de que eu estou me aproveitando do clube", retrucou o publicitário, expondo suas condições.

"Inclusive, desde já, creio que todo mundo que estiver nesse projeto deveria pensar uma coisa: devemos jurar entre nós que ninguém vai se utilizar dessa visibilidade para ser candidato a coisa nenhuma", prosseguiu Olivetto. Mas não foi o que aconteceu. Anos mais tarde, Adílson Monteiro Alves lançou-se candidato a deputado estadual e elegeu-se. O mesmo aconteceu com Zé Maria e Biro-Biro, eleitos vereadores. "Isto foi uma pena", observou Olivetto.

"Eu topei a proposta do Adílson e ele saiu tresloucado do bar. Às dez e meia da noite, todas as rádios do país estavam noticiando que eu havia sido 'contratado' pelo Corinthians. A situação foi até muito engraçada. Todas as rádios vieram atrás de mim. No outro dia, todos os jornais me procuraram e eu expliquei como seria meu trabalho."

Depois de aceitar o desafio, era necessário imaginar formas de ajudar a colocar em evidência o então incipiente movimento que surgia no Parque São Jorge. "Eu pensava que todas aquelas mudanças que vinham ocorrendo no clube necessitavam de gestos dramáticos. Precisava fazer com que as pessoas percebessem aquilo como algo importante. O Corinthians não tinha absolutamente nada na área de marketing. Pouco tempo antes, havia saído uma regulamentação que permitia publicidade nas camisas dos clubes", recorda Olivetto.

"Eu precisava de colaboração, pois a estrutura do futebol era, e ainda é, muito reacionária. Também precisava ganhar a galera imediatamente, saber o que o pessoal gostava. Então eu publiquei um anúncio na época, quando eu já era o publicitário brasileiro mais premiado, mais conhecido, et cetera e tal. Publiquei um anúncio no qual eu vestia a camisa do Corinthians com o título: 'Mande uma ideia pro Washington, que ele está precisando'. Em resumo, eu pedia à torcida corintiana que enviasse ideias para que nós analisássemos e tentássemos colocar em prática. Isso gerou uma simpatia absurdamente grande e de forma imediata para a causa."

Mas havia um outro problema. "Para o Corinthians conseguir chegar a benefícios com anunciantes, tínhamos de mostrar que o Corinthians, apesar de ser o maior clube de massa do Brasil, não era um clube só de massa. Por quê? Porque o anunciante também tem interesse no formador de opinião e no poder econômico. Todo mundo sabe que o povão é corintiano, mas nem todo mundo sabe que o Antonio Ermírio é corintiano. Então minha primeira função era começar a deixar isso claro."

Uma das primeiras ações de Washington Olivetto foi montar um "conselho do diretor de marketing". Tratava-se de um conselho paralelo que realizava reuniões informais. Entre seus membros, mais corintianos notáveis, como Boni, Rita Lee e Glorinha Kalil.

"Chamei o Boni, pois ele é corintiano e na época mandava e desmandava na TV Globo. Isto poderia nos ajudar a melhorar a imagem do clube na principal emissora do país. E isso realmente funcionou. Gerou coisas como a novela *Vereda Tropical*, na qual o Mário Gomes era jogador do Corinthians", lembra o publicitário.

"Também chamei a Rita Lee. Eu sabia que a Rita é corintiana, é minha amiga, cheguei até a desenhar uma capa de disco dela. E a Rita entrou justamente no espaço onde a Democracia Corintiana buscava tirar o jogador de futebol da ideia da concentração. Dizia-se que os jogadores voltavam para a concentração após os jogos, o que não era verdade, pois jogador de futebol de 20 anos de idade ia mesmo era para o puteiro", explica Olivetto.

"A ideia era tirar o atleta da cultura do puteiro e inseri-lo na cultura do rock'n'roll, do encontro com gente da mesma faixa etária. A partir disso surgiram aquelas ideias da Rita com a camisa do Corinthians em shows no Ibirapuera, o Sócrates e o Casagrande dançando com ela no palco."

Entre outras pessoas, Olivetto também convocou para seu conselho Glorinha Kalil, "por causa da conotação de moda".

Depois de criar seu próprio conselho para tentar mudar a cara daquele Corinthians, a tarefa seguinte era dar um nome ao movimento. Àquela altura, a estrutura do futebol já estava abalada. Era preciso ligar os novos acontecimentos no clube a algo que se identificasse com o cotidiano do paulistano e do brasileiro do início dos anos 1980.

Duas décadas depois, Olivetto garante que o nome Democracia Corintiana, creditado a ele, não foi criado por ele. "O nome Democracia Corintiana foi percebido por mim. É diferente", afirma.

"Aconteceu da seguinte maneira. Nós fomos convidados para fazer uma palestra no Tuca, o teatro da PUC que se incendiou. Fomos eu, o Adílson e o Sócrates. O mediador da palestra era o Juca Kfouri. Ao fim do encontro, o Juca, um homem que já tinha muita prática com veículos de comunicação, tentou fazer um resumo de tudo o que havia sido falado para a plateia e disse: 'Bom, mas isso que vocês estão fazendo, no fundo, é uma democracia corintiana'. Quando ouvi a expressão, anotei num papel. Eu percebi e transformei em nome. Assim surgiu a expressão Democracia Corintiana."

Faltava então resolver a questão da publicidade nas camisas. A regulamentação existia. Por ser uma nova possibilidade publicitária, as empresas ainda tinham um pouco de receio em anunciar. Olivetto resolveu então chamar a atenção para o espaço existente na camisa e alertar eventuais anunciantes. O fim de 1982 se aproximava. Com isso também estavam próximas as primeiras eleições para governador em anos.

"Quando não tínhamos patrocínio, para valorizar aquele espaço, nós o utilizávamos para mensagens sociais", conta Olivetto. O pleito seria realizado em 15 de novembro daquele ano. "As camisas dos jogadores continham as inscrições 'Dia 15 Vote' e 'Democracia Corintiana'", lembra o ex-presidente Waldemar Pires.

Segundo Pires, a campanha cívico-social pelo voto causou constrangimento e preocupação na cúpula militar que governava o país. "O brigadeiro Jerônimo Bastos, presidente do Conselho Nacional de Desportos (CND) na época, me chamou no Rio de Janeiro e disse: 'Vocês não podem utilizar esse espaço para fins políticos'. Ele pediu que tirássemos a mensagem e nós o fizemos. Mas logo em seguida conseguimos começar a vender aquele espaço. As empresas compravam apenas por alguns jogos. Como o Corinthians começou a ir bem nos campeonatos e a se classificar para muitas finais, era um ótimo negócio para os patrocinadores."

Olivetto lembra de um fato curioso com uma das empresas que mais tarde veio a patrocinar o Corinthians. "Na época eu fazia publicidade da Bombril e convenci os donos a patrocinarem o Corinthians numa das finais do Paulistão de 82 contra o São Paulo. Detalhe: os donos da Bombril são são-paulinos e aceitaram a ideia. Até então, o time nunca tinha entrado em campo com a camisa patrocinada."

Em conversas posteriores, os donos da empresa teriam comentado com o publicitário: "Em vez de torcer para o nosso time, estávamos torcendo para o nosso logotipo".

No ano seguinte, já como vice-presidente de marketing, Olivetto empregou outra tática. "Com mais um Corinthians e São Paulo na final, eu liguei pra eles e propus: 'Por que vocês não patrocinam os dois times? Ficaria muito mais legal!'" E assim foi. Em um dos jogos decisivos de 1983, tanto Corinthians quanto São Paulo jogaram com a camisa da Bombril, lembra o gênio da publicidade.

Outra recordação guardada com carinho por Olivetto é o Gol Rita Lee. "Nós contamos com a ajuda imprescindível da imprensa progressista, em especial do Osmar Santos na Rádio Globo. Ele era companheiro de geração e nos ajudava loucamente. Houve momentos espetaculares com ele, como o Gol Rita Lee, que havia sido prometido pelo Casagrande. Na hora do gol, numa narração espetacular, ele soltou ao fundo uma música da Rita Lee."

Mas as ideias de Olivetto não se limitavam apenas ao time de futebol. Outras áreas do clube eram beneficiadas pelas jogadas publicitárias. "Também nos preocupávamos com questões cotidianas. Com isso, resolvemos organizar também pequenas áreas do clube, desde vender o painel voltado para a Marginal Tietê para o Bradesco até arrumar uma empresa especializada em limpeza que trocasse as lixeiras do clube em troca de divulgação."

É interessante ressaltar que Olivetto, apesar de ser o publicitário de mais renome no Brasil, tinha planos de reduzir a importância do patrocínio em camisa na receita do clube. "Eu fazia estudos sobre o que vinha sendo feito no Barcelona, a história do Ajax, a estrutura do Manchester United. No fundo, eu queria chegar a um projeto no qual a coisa menos importante, e se possível não precisasse utilizar, era o patrocínio na camisa", revela.

"Todo o carnaval que a gente fazia por trás tinha como objetivo tirar a característica regional da equipe. Dessa forma, o time ganhava postura para tentar saltos maiores."

Sem dar atenção à Copa dos Campeões, Corinthians cai na primeira fase

Terminado o Campeonato Brasileiro, a CBF promoveu um torneio chamado Copa dos Campeões. Como as atenções estariam voltadas para a Copa do Mundo de 1982, na Espanha, foram reunidos os dezesseis melhores times do país na época para um torneio em grande parte amistoso. Sem dar muita atenção ao campeonato, o Corinthians acabou eliminado ainda na primeira fase.

No grupo do Corinthians estavam Fluminense, Palmeiras, Portuguesa e Santa Cruz. O Corinthians estreou na competição em 28 de abril, com um empate por 1 a 1 com a Portuguesa. Depois venceu o Santa Cruz por 2 a 0, empatou com o Palmeiras por 1 a 1 e derrotou o Fluminense por 1 a 0 no Maracanã.

Nos jogos de volta, novo empate por 1 a 1 com a Portuguesa. Depois derrota para o Palmeiras por 1 a 0, empate com o Santa Cruz por 2 a 2 e derrota por 2 a 1 para o Fluminense em pleno Pacaembu. A campanha mediana causou a eliminação precoce do Corinthians. O campeão do torneio foi o América do Rio, que derrotou o Guarani na decisão.

Chegara o momento de dar atenção à Copa do Mundo. Afinal, o time de Zico, Sócrates, Júnior e Falcão era um dos favoritos. Enquanto isso, o Corinthians disputava alguns amistosos para se preparar para o Campeonato Paulista.

Símbolo da garra corintiana, Biro-Biro vibra
com mais um gol do Corinthians democrático.

À esquerda: rebelde, sincero, irreverente, goleador, o jovem Casagrande conquistava para sempre o carinho da fiel torcida corintiana.

Nas páginas 92 e 93: observado por Wladimir, Biro-Biro e Ataliba, Casagrande sobe para cabecear bola na final do Paulistão de 1983, contra o São Paulo.

Ataliba, Biro-Biro, Casagrande e Sócrates comemoram a conquista do bicampeonato paulista, no Morumbi, em 1983.

Washington Olivetto, em anúncio publicado nos jornais da época, pede ajuda para a torcida corintiana. Pouco tempo depois, o publicitário "pescaria" o termo cunhado por Juca Kfouri durante um debate na PUC-SP: Democracia Corintiana.

Sócrates, o "pensador", posa para fotógrafo da revista *Placar*.

Liberdade, responsabilidade e títulos

Daniel González, Sócrates e Biro-Biro erguem o troféu do bicampeonato paulista. Pouco mais de um ano depois, um trágico acidente automobilístico custaria a vida do uruguaio González.

O clima criado pela Democracia Corintiana ajudou na conquista dos títulos. O futebol é um esporte coletivo. Quanto mais força coletiva existir, quanto maior a amizade, a cumplicidade, o compromisso coletivo, maiores são as suas chances de vencer.

Com o passar do tempo, nós decidimos que a produtividade seria levada em consideração. Os jogadores receberiam uma porcentagem daquilo que produzissem em capital para o clube em arrecadação.

Dessa maneira, de tudo aquilo que entrasse no caixa do Corinthians referente a bilheteria e transmissões pela TV, uma parte era repartida pelos jogadores. Era uma forma de compartilhar os riscos e assumir a responsabilidade de sempre jogar bem para atrair mais público e audiência para nossas apresentações.

Além disso, o aspecto emocional pesa bem mais no futebol que em outras atividades. Você trabalha diretamente com o público. Portanto, quanto mais você dividir a responsabilidade, quanto mais dividir a pressão que recebe externamente, mais possibilidade você tem de obter sucesso.

O futebol é o tipo de ambiente no qual você não trabalha se você não estiver bem. Os resultados foram absolutamente proporcionais ao clima que nós criamos e desfrutamos.

Sem os títulos, certamente a Democracia Corintiana não teria a mesma longevidade. Era um movimento revolucionário, isolado, num meio totalmente reacionário chamado futebol. É óbvio que uma hora ela iria terminar. Todas as forças que sustentaram o movimento foram fundamentais para seu prosseguimento.

Democracia conquista seu primeiro título

Após a trágica derrota para a Itália na Copa do Mundo da Espanha, durante a viagem de volta, Sócrates fez uma promessa: "Eu vou conquistar o Campeonato Paulista para o Corinthians".

A frase destoa um pouco do discurso da Democracia Corintiana, na qual todos atuavam pelo time, sem que egos mais inflados reivindicassem sozinhos alguma conquista. Mas é preciso ter em mente o momento, pois até hoje muitos observam a derrota da seleção brasileira na Copa do Mundo de 1982 como uma distorção histórica. É claro que não se pode ignorar os méritos da Itália, mas o Brasil de 1982 apresentava um futebol vistoso e ofensivo, algo nunca mais visto nos futuros portadores da camisa amarela.

Mas voltemos à Democracia Corintiana. Com a autoestima recuperada, o Corinthians fez uma campanha brilhante no Campeonato Paulista de 1982, conquistou o título e ainda fez artilheiro e vice-artilheiro da competição – Casagrande, com 28 gols, e Sócrates, com 18. A fórmula de disputa era simples. Todos os times se enfrentariam em turno e returno. O campeão de cada turno faria a final. Se um time conquistasse os dois turnos, seria consagrado campeão.

O Corinthians estreou no estadual em 14 de julho, com vitória por 1 a 0 sobre o Santo André no Pacaembu. Na segunda partida, 2 a 0 sobre o Comercial em Ribeirão Preto. De volta ao Pacaembu em 22 de julho, o Corinthians apenas empatou com o São José por 1 a 1. No jogo seguinte, o alvinegro foi a

Sorocaba, onde perdeu para o São Bento por 1 a 0, na primeira das duas derrotas sofridas pelo time no primeiro turno.

Na época, Vicente Matheus se aproveitava de qualquer resultado ruim do Corinthians para tumultuar a Democracia Corintiana. Com uma sequência de empate e derrota, aproveitou-se de uma situação que poderia gerar benefícios ao clube e tentou um golpe para reassumir o poder e afastar Waldemar Pires.

"O Bradesco estava interessado em anunciar na camisa do Corinthians. A negociação girava em torno de US$ 1 milhão por um período de um ano nas camisas de todas as categorias de futebol do clube", conta Waldemar Pires.

Mas era necessária a aprovação do Conselho Deliberativo do Corinthians. O órgão era presidido por Mário Campos, um aliado de Matheus. "Eu dizia ao Mário que precisávamos marcar uma reunião do conselho para referendar o contrato, pois era importante para o clube. Ele foi enrolando e não marcou a reunião. O Bradesco vinha me cobrando, o Amador Aguiar visitou o Corinthians umas duas ou três vezes e nada de reunião", explica o ex-presidente corintiano.

"Como presidente de diretoria, fiz eu a reunião do conselho e aprovamos o contrato. No dia seguinte, o Mário, o Matheus e outras pessoas ligadas a eles fizeram uma outra reunião e me depuseram. Quando isso aconteceu, eu não estava em São Paulo. Mas o pessoal do Departamento Jurídico entrou em seguida com uma liminar. Outros aliados ficaram na porta do Corinthians para impedir a entrada das pessoas interessadas em me derrubar", recorda Pires.

Mário Campos tentou destituir Waldemar Pires por "usurpação de poder" em 28 de julho, uma quarta-feira. Para evitar pressões, a reunião do Conselho Deliberativo foi realizada no Centro do Professorado Paulista, no bairro da Liberdade, longe do Corinthians. Porém havia diversos obstáculos legais para o afastamento do então presidente corintiano.

Para começar, o próprio Departamento Jurídico do Corinthians considerou a reunião inválida. Isso porque um tema como a destituição de um presidente não poderia entrar na pauta de discussão do conselho como "várias". Era necessário ter entrado na "ordem do dia".

Além disso, também exigia-se para a discussão do tema uma convocação especial a todos os conselheiros do clube. Não foi o que aconteceu. Dos quase trezentos conselheiros que o clube possuía na época, apenas 95 participaram da reunião, vinte dos quais estavam com mensalidades atrasadas e não tinham condições legais de votar.

Naquela mesma noite, no gramado do Pacaembu, o Corinthians venceu o Juventus por 2 a 0. Os gols foram marcados por Zenon, aos 5, e Casagrande, aos 9 do segundo tempo. Em protesto contra o golpe, após marcarem seus gols, Zenon e Casagrande não comemoraram, apenas saíram andando, como se nada tivesse acontecido. Foi a forma que o time encontrou de protestar contra as manobras antidemocráticas de Matheus e sua trupe.

Na manhã seguinte, um mandado judicial concedido pelo juiz Oscarlino Moeller, da 24ª Vara Cível, acabou com as pretensões golpistas de Matheus. "O pessoal do Matheus foi logo cedo para assumir o poder, mas meu pessoal não deixou ninguém entrar. Quando a liminar chegou, fui reconduzido à presidência. Como isso começou a envolver o nome do Bradesco, seus diretores resolveram esperar o tempo passar um pouco e depois o contrato acabou não saindo mesmo", lamenta.

O golpe fracassou; a democracia prevaleceu. Após o Juventus, viria o Palmeiras, que já sentia a pressão por alguns anos sem títulos e não tinha mais um time tão brilhante como na década de 1970. No primeiro dia de agosto de 1982, pouco mais de 40 mil pessoas foram ao Morumbi assistir ao clássico e presenciar um momento histórico de uma das maiores rivalidades do futebol brasileiro.

O Corinthians acabou o primeiro tempo na frente do marcador, com um gol de Biro-Biro aos 34 minutos. Logo aos 5 minutos da etapa final, Jorginho igualou o placar. Em uma cobrança de pênalti, Sócrates colocou o Corinthians novamente em vantagem aos 23 minutos. O alvinegro era superior ao adversário, mas a partida foi bastante disputada até o atacante Casagrande resolver desencantar. Com três gols em quatro minutos, ele construiu a goleada por 5 a 1 sobre o rival e consolidou seu lugar de ídolo junto à fiel torcida corintiana. O torcedor mais desatento que estivesse acompanhando o jogo pelo rádio pode ter pensado inicialmente que se tratava de uma repetição da narração do gol. Nada disso. Casagrande deixou sua marca aos 37, aos 38 e aos 40 minutos do segundo tempo.

Após uma goleada como essa em um clássico, a tranquilidade volta a prevalecer em qualquer ambiente. E assim foi com o Corinthians, que após vencer Juventus e Palmeiras construiu uma sequência de cinco vitórias consecutivas, batendo a Francana por 2 a 0, a Ferroviária por 2 a 1 e a Inter de Limeira por 3 a 2. A sequência foi quebrada por um empate sem gols com o encardido XV de Jaú e uma derrota por 1 a 0 para o Guarani. Este foi o último resultado negativo do Corinthians no primeiro turno. Depois disso venceu o clássico com o Santos por 1 a 0, empatou com a Ponte Preta por 1 a 1 e derrotou o Marília por 1 a 0.

Entre o fim de agosto e o começo de setembro, o Corinthians fez uma excursão pelas Américas do Norte e Central. Venceu o Atlante, do México, por 3 a 2 em Los Angeles; goleou a seleção de Trinidad e Tobago por 8 a 2; e empatou por 0 a 0 com o Subt, de Curaçao.

De volta ao Campeonato Paulista, o alvinegro fez os cinco jogos que lhe restavam para concluir o primeiro turno. Em 8 de setembro, empatou por 0 a 0 com a Portuguesa. Depois derrotou o São Paulo por 2 a 0, ambos os gols marcados por Casagrande. De virada, venceu o Botafogo de Ribeirão Preto por 2 a 1. Em seguida, empatou com o Taubaté por 1 a 1 e encerrou sua participação no primeiro turno goleando o América de São José do Rio Preto por 4 a 1.

Com os resultados, o Corinthians sagrou-se campeão do primeiro turno com cinco pontos de vantagem sobre o São Paulo, segundo colocado, e garantiu sua vaga na final pela primeira vez desde 1979.

Em 25 de setembro, o Corinthians começou bem o segundo turno. Com gols de Zenon e Casagrande, o time venceu a Internacional de Limeira por 2 a 0. Porém, outubro de 1982 seria um mês negro para o Corinthians e alguns tropeços influíram negativamente no clima do Parque São Jorge. Primeiro, uma derrota por 2 a 1 para a Francana, no dia 3.

Depois, um jogo que deveria ter sido apenas um amistoso acabou desencadeando uma crise. O Corinthians foi a Montevidéu enfrentar o Peñarol em 5 de outubro. Depois de abrir uma vantagem de dois gols, a equipe brasileira permitiu que os uruguaios revertessem o placar em pouco mais de 20 minutos.

No retorno ao Brasil, o Corinthians teria de cara um jogo com a Portuguesa. Logo aos 2 minutos de jogo, Toquinho abriu o placar para a Lusa. A reação corintiana começou apenas aos 15 minutos do segundo tempo, com Biro-Biro. Ataliba ampliou aos 17. A 2 minutos do fim da partida, Sócrates deu números finais ao jogo em cobrança de pênalti.

Em 13 de outubro, exatamente no aniversário de 5 anos do fim de jejum de mais de 20 anos sem títulos, o Corinthians teria pela frente a Ponte Preta, adversário que derrotou na decisão do Paulistão de 1977. Em partida disputada no Parque Antártica, a equipe de Campinas derrotou a da capital paulista por 2 a 0, dois gols de Dicá.

Em seguida, o Corinthians foi a Campinas enfrentar o Guarani e conseguiu um empate suado por 1 a 1. O gol que evitou a derrota corintiana foi marcado por Daniel González aos 32 minutos do segundo tempo.

Após estes dois jogos sem vitória, o Corinthians venceu o Comercial de Ribeirão Preto por 2 a 1. Logo em seguida empatou com o América por 3 a 3. Em 27 de outubro, derrotou o São Bento de Sorocaba por 2 a 1. Mas estava difícil para o Corinthians vencer dois jogos seguidos. Ainda em outubro daquele ano, no dia 31, o alvinegro ficou no empate sem gols no clássico com o rival Palmeiras. Dessa forma, nos nove jogos disputados pelo Corinthians em outubro de 1982, o saldo foi de três derrotas, três empates e três derrotas.

Mas as coisas seriam bem diferentes em novembro, mês no qual o Corinthians venceu todos os jogos válidos pelo Campeonato Paulista. Logo no dia 3, goleada por 5 a 1 sobre o Juventus, o Moleque Travesso, que adorava atazanar a vida dos considerados grandes clubes de São Paulo. No dia 7, 3 a 1 sobre o Santo André e, no dia 10, 4 a 0 sobre o Taubaté. A nuvem que pairou sobre a harmonia no clube em outubro se dissipava a cada vitória.

O único jogo não vencido pelo Corinthians em novembro de 1982 foi um amistoso interestadual com o paranaense Cascavel, disputado no dia 12 daquele mês e cujo resultado foi um empate por um gol. De volta aos gramados paulistas, o Corinthians venceu o São José por 2 a 0, o Santos por 1 a 0, o Botafogo por 4 a 2 e XV de Jaú e Ferroviária por 3 a 1.

Faltavam então apenas dois jogos para o fim do campeonato e eram enormes as chances de o Corinthians sagrar-se campeão sem a necessidade da final. A sequência de oito vitórias consecutivas colocou o Corinthians a apenas dois pontos do São Paulo, líder do segundo turno. Mas o Corinthians tinha um jogo a menos. Restavam ao alvinegro apenas o Marília, que derrotara o tricolor por 2 a 1 na primeira rodada do segundo turno, e o confronto direto com o São Paulo.

Em 2 de dezembro, o alvinegro foi a Marília. O time local abriu a contagem aos 33 minutos de jogo, com Campos. Incapaz de reagir, o Corinthians retornou à capital com a derrota e a obrigação de vencer o São Paulo sem a necessidade dos dois jogos decisivos. Na época, a renda obtida nas bilheterias era a principal fonte de receita dos times de futebol.

O dinheiro proveniente das transmissões pela televisão era insignificante, se comparado ao montante deixado pelos torcedores nos guichês de venda de ingressos. Para se ter uma ideia, o público pagante somado dos três jogos entre Corinthians e São Paulo em dezembro de 1982 (último jogo do segundo turno e as duas partidas decisivas) superou com folga os 200 mil torcedores. A renda somada superou Cr$ 125 milhões, uma verdadeira fortuna para a época.

Economicamente, a ausência de uma final seria relativamente ruim, pois os clubes deixariam de fazer dois jogos cuja presença da torcida certamente seria significativa. Mas, para o Corinthians, que até pouco tempo carecia de motivação, a vitória antecipada seria essencial. Para o São Paulo, provocar a decisão era a única forma de tentar conseguir o tricampeonato paulista.

Na última rodada, em 5 de dezembro, só a vitória interessava ao Corinthians. O empate garantiria o São Paulo na decisão contra o mesmo Corinthians, campeão do primeiro turno.

Aos 25 minutos do primeiro tempo, Wladimir abriu o placar em favor do Corinthians. Mas Darío Pereyra empatou dois minutos depois. Aos 39, Serginho colocou o São Paulo em vantagem. Na etapa final, Ataliba empatou aos 22. O Corinthians pressionava em busca do gol da vitória. Mas foi o São Paulo quem marcou. Renato fez 3 a 2 a três minutos do fim do jogo e forçou a decisão.

Indiscutivelmente, Corinthians e São Paulo eram os dois melhores times de 1982 no Campeonato Paulista. Cada um venceu um turno e foi vice-campeão do outro. A decisão seria o tira-teima entre a Democracia Corintiana e a Máquina Tricolor.

Somados os pontos dos dois turnos, o Corinthians fez 56 pontos em 38 jogos (24 vitórias, 8 empates e 6 derrotas). O São Paulo somou 55 pontos (23 vitórias, 9 empates e 6 derrotas). Na época, cada vitória valia dois pontos.

Para se ter uma ideia com relação à eficiente campanha dos dois rivais, o Palmeiras, terceiro colocado na soma dos dois turnos, conquistou 45 pontos, 10 a menos que o São Paulo e 11 a menos que o Corinthians.

No primeiro jogo decisivo, em 8 de dezembro, o Corinthians parecia mais confiante que o São Paulo e partiu para cima. Mas o gol demorou. Apenas aos 14 minutos do segundo tempo Sócrates conseguiu fazer o gol corintiano. Apesar das sucessivas chances de gol para os dois times, a partida terminou com a vitória alvinegra pela contagem mínima.

No dia 12, um domingo, mais tensão em campo. O gol demorava a sair e a apreensão da torcida era enorme. Ao Corinthians bastava o empate. Porém, Biro-Biro abriu o placar em favor do alvinegro aos 26 minutos da etapa final. Os corações corintianos voltaram a ficar apreensivos aos 32, quando Darío Pereyra empatou. Mas Biro-Biro estava inspirado e voltou a marcar aos 37. Aos 41 minutos, Casagrande aproveitou para fechar o marcador.

Três a um para o Corinthians. A democracia saíra vencedora. A promessa de Sócrates estava cumprida. O título estava conquistado. A liberdade vivida pelos atletas e sua influência nas decisões que lhes diziam respeito geraram um clima de harmonia e confiança. Chegara o momento de colher os frutos proporcionados pelas mudanças. Afinal, nada se sustenta no futebol se não houver resultados positivos.

A oposição à democracia

Corintianos celebram; palmeirenses
lamentam: a democracia a caminho do bi.

Durante a Democracia Corintiana, existiu um processo ideológico por parte dos veículos de comunicação mais conservadores a fim de caracterizar ou rotular nosso movimento como um sistema frágil perante a opinião pública. Alguns sentiam a necessidade de fazer isso, até porque a Democracia Corintiana passou a ter um peso na história do país, no processo de democratização pelo qual passava o Brasil.

A democracia dentro de uma estrutura popular, num dos maiores clubes do país, ganha um peso enorme. É preciso deixar claro que isso não gerou consequências no sistema além das nossas fronteiras. Ocorreram, sim, consequências nas relações de trabalho, mas um pouco mais tarde, não naquele momento.

Na época, todo mundo ficou com muito medo, se for possível simplificar num sentimento único. Mas muita coisa aconteceu. Os colegas de outros clubes recebiam informações extremamente contaminadas transmitidas pela imprensa. Mas eles acompanhavam de alguma forma.

A grande riqueza do meio esportivo é a possibilidade de se comunicar com o público ao vivo, direto. Ao nosso discurso, todo mundo tinha acesso. Estávamos numa frente de batalha levando porrada e mostrando o que fazíamos.

Dentro do grupo de atletas, a chegada do Leão conturbou um pouco o ambiente. Alguns companheiros afirmam que não houve, dessa vez, votação para a contratação de um jogador como fazíamos regularmente. Não me lembro que tenha se processado assim. Para mim, dentro das limitações de minha memória, houve a consulta popular. E eu votei a favor: o Corinthians precisava de um goleiro da qualidade dele. Apesar do histórico que possuía, acreditava que poderíamos conviver de forma civilizada respeitando-se as diferenças filosóficas. O fato de ser reacionário não deveria ser fator limitante de sua presença entre nós. Afinal, democracia é exatamente isso: convivência e gerência de poder entre pessoas diferentes. Ele tentou uma contrarrevolução, mas o fato de sua postura ser minoritária lhe impediu de concretizar esse objetivo.

Na imprensa, os conservadores tentavam destruir. Havia também um grupo menor ao nosso lado. E foi esse grupo que mudou o país. Quem se aproximou da gente? Quando a coisa começou a crescer, a grande reação veio para destruir e a parcela progressista veio junto com a gente e nos defendeu. A Democracia Corintiana transformou-se num foco de resistência.

É difícil lembrar todos os nomes, mas um dos jornalistas que mais nos entendeu foi o Osmar Santos. Ele estava na Rádio Globo e ajudou muito no momento de mostrar a seu público o que era realmente a Democracia Corintiana.

Todo o progresso tem reações positivas e negativas por causa do processo ideológico. Nós acabamos trazendo para o nosso lado partidos políticos de esquerda. Os de direita vinham contra nós. Na verdade, era uma coisa pequena que influía diretamente na vida de umas trinta pessoas. Creio que, por termos virado um foco de resistência, tudo acabou sendo tão grandioso.

Chegada de Leão tumultua ambiente no Corinthians

O Corinthians tinha Solito no gol quando foi campeão paulista em 1982. Ele não era o mais genial dos goleiros que atuavam na época, mas não comprometia no desempenho do time. Como o projeto do Corinthians na época era ser campeão brasileiro e disputar a Libertadores da América e, quem sabe, ir a Tóquio tentar a conquista da Copa Toyota Intercontinental, a diretoria do clube acreditava que o time necessitava de um goleiro mais experiente. Para Adílson Monteiro Alves, estava valendo a máxima: "Todo grande time começa por um grande goleiro".

O Corinthians passou anos cobiçando Carlos, goleiro da Ponte Preta. Mas a transferência nunca era concretizada devido à falta de acordo entre os clubes no momento de fechar o negócio. No início de fevereiro de 1983, o Corinthians contratava Émerson Leão por Cr$ 49 milhões, pagos em sete parcelas de Cr$ 7 milhões ao Grêmio de Porto Alegre. A chegada de Leão, na época com 33 anos, conturbou o ambiente no Corinthians, que até então parecia imune a crises entre os jogadores.

Desde o início da Democracia Corintiana, no fim de 1981, qualquer contratação ou dispensa de atleta era discutida por todo o elenco e votada. No caso de Leão, Adílson Monteiro Alves optou por outro método. Por saber que Leão tinha personalidade forte e talvez exigisse um "tratamento diferenciado", ele resolveu ouvir apenas jogadores e membros da comissão técnica que já tivessem trabalhado com o goleiro.

E assim o fez. Ouviu apenas cinco pessoas: o técnico Mário Travaglini, o preparador físico Hélio Maffia e os jogadores Sócrates, Wladimir e Zé Maria. Todos foram unânimes ao elogiar as qualidades técnicas e o profissionalismo de Leão. Também era impossível ignorar o currículo de Leão, campeão em quase todos os clubes pelos quais jogou, tricampeão mundial como terceiro goleiro na Copa de 70 e titular da seleção nas Copas de 74 e 78. Mas também fizeram questão de lembrar a Adílson que Leão era individualista e dono de uma personalidade muito forte, o que poderia causar tensão e divisão na equipe.

O lateral-esquerdo Wladimir lembra que, na Democracia Corintiana, os jogadores podiam opinar na contratação de novos atletas. Ele é categórico ao afirmar que o "único equívoco foi a contratação do Leão". Na opinião do ex-jogador, este foi um caso específico, justamente pelo fato de Adílson Monteiro Alves não ter consultado todo o grupo.

"Ele consultou apenas as pessoas que já haviam trabalhado com o Leão. Tanto foi assim que, depois, o Casagrande botou a boca no trombone. O Solito também ficou revoltado. Tudo isso porque eles não haviam sido consultados. Eles se viram alijados do processo, excluídos dessa decisão, por causa da opção escolhida pelo Adílson", recorda Wladimir.

"Eu penso que o Adílson deveria ter consultado todo mundo. Mas como o Leão é dono de uma personalidade muito controversa, muito singular eu diria, o Adílson fez essa escolha. E esse foi um dos equívocos que o Adílson cometeu nesse processo", acredita o ex-jogador.

O ex-atacante Casagrande foi um dos que mais se incomodaram no elenco com a chegada de Leão. Após a chegada do goleiro, passaram-se meses até que o goleiro e o centroavante mantivessem um primeiro contato. "Eu não conversava com ele. Acabei me afastando por contusão e demorei até ter meu primeiro contato com ele ali dentro, principalmente porque meu armário ficava em um lado do vestiário e o dele estava no extremo oposto", brinca.

"Hoje tenho apenas um contato profissional, cordial. Ele tem a cabeça dele, é reacionário, mas é uma pessoa íntegra e acredita no que pensa. É preciso respeitar. Além disso, ele pode até ter atrapalhado nos bastidores, mas ajudou muito no campo. Se não fossem as defesas dele, por exemplo, nas semifinais do Paulistão de 1983, contra o Palmeiras, dificilmente teríamos chegado à final contra o São Paulo e conquistado o título", recorda o artilheiro.

Apesar de o diretor de futebol do clube ter ouvido apenas cinco pessoas para contratar Leão, a negociação recebeu aval dos consultados. "Nós aceitamos a contratação do Leão. Ele era um grande goleiro, um baita profissional, mas era desagregador, individualista. Enfim, uma pessoa que só pensa nele.

Todos foram unânimes com relação à qualidade profissional do Leão, mas todos sabiam também que ele é um cara personalista. Então, cabia ao diretor de futebol chegar e definir. E ele achava que o grupo necessitava de um grande goleiro", conta Wladimir.

Ao comentar a decisão de Adílson, o ex-lateral-esquerdo observou que, nesse ponto, ele acertou e errou. "Acertou porque trouxe um excelente goleiro e esse goleiro foi decisivo na reta final da conquista do bicampeonato; e errou porque o Leão começou a minar aquela harmonia, aquela proposta que nós tínhamos de levar o movimento adiante. O Leão, com a sua personalidade forte, acabou dividindo o grupo."

Para Wladimir, Leão chamou boa parte do grupo para o lado dele porque tinha muito ciúme. "Só pra você ter uma ideia, quando soube que eu ganhava mais do que ele, o Leão não deixou o Adílson dormir. Depois começou a dizer pra todo mundo que nós éramos amigos do diretor e por isso a gente não reivindicava bicho. Isso tudo contribuiu para que o movimento sofresse um abalo", analisa.

Quanto ao comportamento de Leão, Juninho, Zenon e Biro-Biro têm opiniões diferentes dos demais protagonistas da Democracia Corintiana.

Para o ex-craque Zenon, pesava sobre Leão um rótulo. Porém, poucos jogadores do elenco sabiam exatamente como ele trabalhava. "O Leão chegou ao Corinthians quando o movimento já estava consolidado. A vinda dele realmente agitou, mas ele sempre foi um grande profissional e foi essencial para a obtenção dos resultados que sustentaram a Democracia Corintiana", afirma.

"O Leão foi bom para a Democracia porque pensava diferente da maior parte dos participantes. O mais importante do nosso projeto era o debate das ideias. Sem concorrência, não tem como saber o valor de seu produto", diz Juninho.

Biro-Biro ressalta que, aos poucos, Leão passou a participar das decisões. "Ele teve de se adaptar ao grupo e também manifestava suas opiniões. Era sempre respeitada a opinião da maioria", garante.

Mas isso não importa. O Corinthians precisava de um grande goleiro e Leão estava à disposição. Durante sua curta passagem, ele provou em campo ter sido a escolha certa. Afinal, mais do que qualquer outro time, o Corinthians precisava provar a cada disputa que seu sistema democrático era um modelo campeão.

Procurado para prestar um depoimento sobre o ano no qual defendeu a meta corintiana, Leão preferiu manter-se em silêncio. Disse apenas que, para ele, "a Democracia Corintiana não existiu".

Autogestão

Acompanhado por Alemão e Júnior,
Sócrates comemora gol contra a Espanha
na disputada estreia do Brasil na
Copa de 1986.

*T*udo o que dizia respeito ao grupo ia a voto. Se fosse colocado na mesa "tal companheiro deve ou não sair do grupo?", a gente votava. Tudo era votado sem nenhuma máscara. Se fosse determinada a saída de alguém, a pessoa sairia. A diretoria cuidaria dos detalhes burocráticos da transferência. Isso também acontecia com as contratações. Para contratar um jogador novo, a diretoria geralmente apresentava uma lista com três nomes e nós escolhíamos.

Mas a Democracia Corintiana proporcionou uma situação inédita. Desde o início do movimento, Mário Travaglini fora nosso único técnico. Quando ele decidiu sair, no início de 1983, achamos necessário colocar alguém que tivesse um conhecimento profundo do grupo.

O Zé Maria estava encerrando a carreira de jogador e propusemos o nome dele para ser o novo técnico do Corinthians. O grupo decidiu e ele virou nosso técnico. Depois achamos que os problemas eram em maior número que as soluções, resolvemos mudar e veio o Jorge Vieira. A grande riqueza da democracia é respeitar a escolha da maioria.

Mas a escolha do Zé Maria como técnico seria impossível se o Matheus tivesse vencido o Waldemar nas eleições daquele ano. Para preservar nosso sistema de trabalho no Parque São Jorge por pelo menos mais dois anos, nós entramos ativamente na campanha pela chapa do Waldemar Pires.

O Matheus, que dois anos antes havia concorrido como vice na chapa do Waldemar para continuar mandando no Corinthians, perdeu o poder para o Waldemar e depois concorreu como oposição. Resolvemos que era questão de honra defender o sistema que implantamos, e a presença do Waldemar era fundamental.

O Wladimir e o Zé Maria se tornaram candidatos ao conselho. Esperavam que eu também fosse um dos que concorreriam ao conselho que indicaria o presidente, mas já tinha a opinião formada acerca dos meios de eleição dos clubes no Brasil e me colocava contra a forma do processo. Já, naquele momento, tinha assumido a luta por eleições livres e diretas que levaria milhões às ruas do país um ano depois. Mas fiz de tudo na campanha!

Além de fazer a campanha, eu precisava arrumar alguma outra forma de lutar para que a Democracia Corintiana continuasse vigente. Então eu anunciei que abandonaria o Corinthians caso o Matheus vencesse. Não era uma simples ameaça. Eu cumpriria com minha palavra mesmo. Essa era a minha forma de barganhar.

O assunto foi discutido. Era a arma que eu tinha. O nosso povo não tinha muita noção da importância do voto. A eleição não era uma coisa comum, como hoje. Nós estávamos lutando justamente por tudo isso.

Corinthians começa bem no Brasileiro, mas perde o passo no fim do campeonato

O título paulista de 1982 deu tranquilidade ao Corinthians democrático para pensar na conquista do Campeonato Brasileiro. Mário Travaglini continuava no comando técnico. A conquista fazia parte do chamado "Projeto Tóquio", já que a vaga na final garantia a presença do time na Taça Libertadores da América do ano seguinte. A eventual conquista do título sul-americano poderia levar a equipe a disputar a decisão da Copa Toyota Intercontinental, que desde 1981 é jogada no Japão.

A estreia corintiana ocorreu em 23 de janeiro com uma vitória por 2 a 1 sobre o Fluminense. Curiosamente, todos os gols desse jogo foram marcados em cobranças de pênalti. Sócrates abriu o placar para o Corinthians aos 2 minutos de jogo. Delei empatou aos 18. Sócrates, em sua segunda cobrança de pênalti na partida, fechou o placar aos 31. Delei, pelo Fluminense, e Casagrande, pelo Corinthians, ainda foram expulsos pelo árbitro Manuel Serapião Filho. Em seguida, vitória sobre o Fortaleza por 3 a 1, uma inesperada derrota para o modesto Tiradentes por 2 a 1 e vitória sobre o CSA por 4 a 2.

No primeiro dos jogos de volta, em 9 de fevereiro, o Corinthians registrou aquela que até hoje é a maior goleada da história do Campeonato Brasileiro. O alvinegro esmagou o Tiradentes por 10 a 1. O jogo foi disputado no Canindé. A derrota no primeiro jogo, em Teresina, estava entalada na garganta dos corintianos. Para piorar, em uma falha coletiva da defesa, o Tiradentes conseguiu um pênalti. Sabará converteu aos 18 minutos do primeiro tempo. Mas o Corinthians jogava melhor. Também de pênalti, Sócrates empatou seis minutos depois. O mesmo Sócrates virou o jogo aos 31. Ainda no primeiro tempo, Biro-Biro ampliou aos 37, Sócrates aos 42 e Paulo Egídio aos 44.

O resultado final parecia com o de uma pelada. Cinco vira; dez acaba. Sem dar chances no segundo tempo, o Corinthians massacrou o adversário. Ataliba marcou aos 4. Wladimir, de bicicleta, fez o sétimo aos 8. Paulo Egídio fez mais um aos 17. Em um novo pênalti, Sócrates marcou seu quarto gol no jogo – o nono do Corinthians – aos 33. O estreante Vidotti fechou a goleada aos 42 minutos.

Nos demais jogos de volta da primeira fase, o Corinthians voltou a bater o Fortaleza por 3 a 1 e derrotou o CSA por 2 a 1. No último jogo, em 6 de março, derrota para o Fluminense por 1 a 0 no Maracanã. Mas o time paulista já tinha garantida a vaga na fase seguinte como campeão do Grupo D.

Na mesma data da derrota para o Fluminense, a Democracia Corintiana obtinha uma de suas maiores vitórias. Seis de março de 1983, exatos quinze anos após Paulo Borges e Flávio terem colocado fim a um tabu de onze anos sem vitória sobre o Santos em jogos pelo Campeonato Paulista, foi dia de eleição de associados no clube. Na frente de combate, Waldemar Pires tentava reeleger-se. Para isso, teria de vencer um antigo aliado: o carismático Vicente Matheus.

Dos associados com direito a voto, 2.336 assinalaram preferência por Matheus. Porém, outros 5.138 demonstraram confiança em Waldemar Pires e o mantiveram por mais dois anos na presidência do clube. Houve ainda 15 votos nulos. O comparecimento dos associados foi considerado excelente, pois choveu durante quase todo o dia na cidade de São Paulo.

Entre os eleitores, estavam muitos velhos torcedores e associados que deixaram suas casas no interior de São Paulo ou até mesmo em outros estados apenas para manifestar sua opinião. Ouvido pela *Folha de S. Paulo*, o associado Odilon Paes de Barros, na época com 81 anos, 71 deles como sócio do clube, contava ter participado sempre das eleições no Corinthians. "É uma questão de honra", dizia ele. Irônico, comentou seu voto: "É para a situação. Se eu votar no Matheus, morro mais cedo".

O jornalista Aroldo Chiorino escreveu na *Folha de S. Paulo* em 7 de março de 1983: "A presença de associados superou em números as eleições anteriores, o que quer dizer que a de ontem despertou interesse, inclusive movimentando muita gente importante, algumas vindas do Rio de Janeiro e do Mato Grosso do Sul. Numa definição ideológica, ficou bem claro que não foi uma vitória de Waldemar Pires sobre Vicente Matheus, mas sim da proposta democrática sobre a proposta autoritária, como vinham defendendo os jogadores Sócrates, Zé Maria, Wladimir e Casagrande".

Duas décadas mais tarde, ao analisar a vitória eleitoral, Waldemar Pires ressalta o sucesso do modelo adotado em seu primeiro mandato. "Eu assumi em 1981 e me reelegi em 1983 derrotando um homem carismático como o Matheus. Você vê aí o sucesso da administração, já que um homem de carisma como o Matheus perdeu por uma diferença astronômica de votos."

Pouco antes das nove da noite de 6 de março de 1983, torcidas uniformizadas do Corinthians sepultavam simbolicamente Vicente Matheus. Com velas, marcha fúnebre e coro improvisados, os torcedores demonstravam seu apoio à Democracia Corintiana.

Apesar da folgada margem da vitória, a reeleição de Waldemar Pires contou com ampla mobilização dos próprios jogadores do clube. Sócrates, por exemplo, ameaçava abandonar o Corinthians caso Matheus vencesse. O próprio Sócrates, assim como Wladimir, Casagrande e outras peças fundamentais do elenco participaram de uma sufocante campanha de boca de urna. Até mesmo a Rede Globo abriu espaço para que os defensores da Democracia Corintiana se manifestassem, conforme publicou a *Folha de S. Paulo* no dia seguinte ao pleito.

Após o anúncio de sua vitória pelo Conselho Deliberativo, Waldemar Pires mostrava-se disposto a descentralizar ainda mais o poder no Corinthians. "O resultado das eleições respalda a administração descentralizada que implantamos no Corinthians e nos autoriza a aprofundar ainda mais essa mudança democrática", declarou ele em discurso.

Enquanto era carregado em triunfo por correligionários, Pires anunciava a criação de mais cinco vice-presidências. Seriam elas as vice-presidências jurídica, de planejamento, marketing, esportes aquáticos e social e cultura. Elas se somaram às já existentes: futebol, patrimônio, finanças e esportes terrestres.

Adilson Monteiro Alves, por sua vez, desabafou à imprensa sobre suas preocupações com relação ao "esquema malufista que a oposição havia armado para chegar ao poder". De acordo com ele, Matheus chegou a pagar dívidas de muitos sócios e, quando percebia que um desses não lhe daria o voto, segurava a carteirinha.

Segundo Adílson, foram as armações antidemocráticas que levaram os dirigentes da Democracia Corintiana a partir para a propaganda de massa: "Apelamos para outdoors e espaços comerciais em rádio e televisão. Mas nós também tivemos sorte, pois o associado entendeu o passo adiante de nossa primeira administração".

Mesmo contente com a vitória, Adílson contou a jornalistas que esperava uma vitória mais ampla: "Nós não queríamos apenas vencer. Queríamos arrasar o autoritarismo".

De volta ao Campeonato Brasileiro, a segunda fase foi bem mais complicada que a primeira. O Corinthians estreou com empate por um gol com o Vasco em pleno Morumbi em 13 de março. Depois, vitória fora de casa por 1 a 0 contra o Bahia e empate por 1 a 1 com o fraco Campo Grande. No primeiro jogo de volta, em 27 de março, o Corinthians bateu o Bahia por 2 a 0. Essa foi a última partida de Mário Travaglini como técnico da Democracia Corintiana.

Em seu lugar, em uma decisão inédita e que seria inviável se Matheus tivesse vencido Pires em março, o grupo de jogadores elegeu um treinador. Na época, o ex-lateral-direito Zé Maria estava parando de jogar e os atletas corintianos acharam interessante chamá-lo para ser o novo técnico, já que ele conhecia bem o elenco. E assim foi feito. Zé Maria foi escolhido no dia seguinte à vitória sobre o Bahia.

Em 30 de março, Marco Antônio Rodrigues publicou um artigo no *Jornal da Tarde* no qual analisava a situação inusitada: "A Democracia Corintiana atinge seu ápice: os jogadores chegaram ao poder. Um momento raro no futebol brasileiro: os jogadores tiveram o direito de escolher o novo técnico; tiveram nas mãos toda a força de decisão sobre o comando do time".

Zé Maria recorda como o convite para ser técnico o surpreendeu: "Eu me preparava para encerrar a carreira como jogador. Certo dia, os jogadores e diretores do Corinthians me chamaram para uma reunião e me convidaram para treinar o time. Eu nem imaginava que eles me pediriam aquilo".

Na estreia de Zé Maria como treinador, em 31 de março, o Corinthians voltou a empatar com o Vasco – dessa vez por 0 a 0 e no Maracanã. Depois derrotou o Campo Grande por 3 a 1 no último jogo. O Corinthians terminou a fase como campeão do Grupo L. Apesar de não ter perdido nenhuma partida, venceu apenas duas e empatou as outras quatro.

Na fase seguinte, o Corinthians caiu no Grupo T, que reunia ainda Flamengo, Goiás e Guarani. Na lógica futebolística, Corinthians e Flamengo eram os favoritos do grupo. Porém, muitas vezes o imponderável entra em campo e times tecnicamente inferiores tiram da disputa aqueles que seriam teoricamente os mais fortes. No primeiro jogo, empate por 1 a 1 com o Guarani em Campinas. Pelo mesmo placar, o Corinthians empatou em seguida com o Goiás. Esses resultados já não eram os melhores. Mas as coisas ficariam ainda piores.

Em 17 de abril, no Maracanã, o Flamengo goleou o Corinthians por 5 a 1 em uma redundante tarde inspirada de Zico. No jogo seguinte, o Corinthians recuperou-se ao vencer o Guarani por 2 a 0, mas voltou a se complicar quando perdeu para o Goiás por 2 a 1 no Serra Dourada.

No último jogo da primeira fase, o Corinthians precisava vencer o Flamengo, que já havia feito prevalecer a lógica e garantido sua vaga, e torcer por pelo menos um empate do Guarani com o Goiás. No Morumbi, o Corinthians fez sua parte e goleou o poderoso Flamengo por 4 a 1. O que ninguém esperava era uma derrota do Guarani para o Goiás em Campinas. Os goianos venceram por 2 a 1 e ficaram com a segunda vaga do grupo nas quartas-de-final do Campeonato Brasileiro de 1983.

Com a eliminação precoce e o adiamento dos planos referentes ao "Projeto Tóquio", restava ao Corinthians pensar apenas na conquista do bicampeonato paulista.

Corinthians busca o bicampeonato paulista

Em maio de 1983, logo após ter sido eliminado do Campeonato Brasileiro, o Corinthians disputou a Taça Cidade de Porto Alegre para se preparar para o Campeonato Paulista. No primeiro jogo, empate por 2 a 2 com o América do Rio e vitória nos pênaltis por 4 a 3. Na decisão, Corinthians e Internacional de Porto Alegre não tiraram nenhum zero do placar e a disputa do título foi para os pênaltis. O alvinegro venceu por 4 a 1 e ficou com a taça do torneio comemorativo. Nesse jogo, o ex-lateral Zé Maria despediu-se do cargo de técnico.

"Apesar dos resultados instáveis, a experiência foi muito boa e agradável e eu aprendi muito naquela situação. Eu sabia que seria uma passagem interina como treinador. Havia grandes jogadores por ali. O que mudou foi minha função. O relacionamento com os atletas era o mesmo", diz Zé Maria.

No caminho de volta a São Paulo, ainda antes de estrear no Paulistão, o Corinthians fez um amistoso com o Grêmio Maringá, que venceu por 1 a 0. Nessa partida, a equipe paulista já era comandada do banco por Jorge Vieira.

Como os dirigentes do futebol brasileiro são um poço sem fundo de criatividade, a fórmula de disputa do Campeonato Paulista de 1983 mudou mais uma vez. Na primeira fase, os vinte participantes jogariam em turno e returno entre si, mas seriam divididos em quatro grupos com cinco equipes cada um. Oito times se classificariam para a segunda fase, na qual seriam divididos em duas chaves com quatro clubes cada uma e enfrentariam apenas os adversários de seus próprios grupos. Campeão e vice de cada chave disputariam a semifinal e os vencedores fariam a grande decisão.

O Corinthians estreou no Paulistão de 1983 em 15 de maio, com uma vitória pela contagem mínima sobre a Ferroviária. Em seguida, empatou por 0 a 0 com o São José, venceu Inter de Limeira e São Bento por 1 a 0 e empatou com Santo André (2 x 2), Marília (1 x 1) e Juventus (1 x 1).

A primeira derrota na competição veio na oitava rodada, justamente no clássico contra o Palmeiras. Em 26 de junho de 1983, o alviverde venceu seu maior rival por 2 a 1. O Corinthians recuperou-se em seguida com uma vitória por 4 a 1 sobre o Botafogo de Ribeirão Preto. Mas uma inesperada derrota em casa para o Taubaté por 2 a 1, de virada, fez a campanha do Corinthians começar a oscilar.

Em meio a esse "efeito gangorra", o alvinegro venceu o América de São José do Rio Preto por 3 a 0, perdeu para o Taquaritinga por 2 a 0, venceu a Portuguesa por 2 a 1, empatou por um gol com o São Paulo, derrotou a Ponte Preta por 2 a 1, perdeu pelo mesmo placar para o Comercial e empatou por 0 a 0 com o Santos.

A partir de 7 de agosto, com uma vitória por 3 a 0 sobre o Guarani, o Corinthians passou a respirar um pouco melhor e empatou seu último jogo de ida com o XV de Jaú por 1 a 1.

Nas partidas de volta válidas pela primeira fase, o Corinthians derrotou a Ferroviária por 2 a 1, empatou por 0 a 0 com o Taubaté e por 1 a 1 com o Marília, venceu o Guarani por 3 a 2 e o XV de Jaú por 3 a 1, empatou novamente com o Santo André, dessa vez sem gols, derrotou o Botafogo por 2 a 0, a Ponte Preta por 3 a 2 e empatou por 1 a 1 com o Palmeiras.

Em 28 de setembro, mais uma inesperada derrota em casa. O algoz foi o São Bento, que bateu o Corinthians por 2 a 0. Em 2 de outubro, no clássico com o São Paulo, vitória corintiana por 1 a 0, gol de Ataliba aos 6 minutos do segundo tempo. Dois dias depois, vitória por 3 a 0 sobre o Comercial. No dia 8, o Corinthians bateu o América por 3 a 0 e acumulou sua terceira vitória consecutiva. Quando parecia que o time deslancharia de vez, a Portuguesa venceu o alvinegro por 2 a 1. Pelo mesmo placar, o Corinthians venceu Juventus e Taquaritinga, seus adversários seguintes.

Em 23 de outubro, foi a vez do Santos tirar uma casquinha e quebrar um jejum de sete anos sem vencer o Corinthians. Após vinte partidas, com nove vitórias corintianas e onze empates, finalmente o Santos venceu o rival. No placar, 2 a 0 a favor do Peixe, mesmo resultado da partida em que o Corinthians pôs fim, em 1968, a um jejum de onze anos sem vitórias sobre o Santos pelo Campeonato Paulista. É verdade que o Corinthians estava desfalcado de Sócrates e Casagrande. Também é verdade que o Santos nunca derrotou o Corinthians com Sócrates defendendo as cores do Parque São Jorge. Mas isso pouco importa quando o assunto é o fim de um tabu.

Nos dois últimos jogos da primeira fase do Paulistão de 1983, o Corinthians empatou por 1 a 1 com a Inter de Limeira e derrotou o São José por 2 a 1. A equipe já não demonstrava a mesma eficiência do estadual anterior. O ambiente dentro do grupo estava conturbado, especialmente devido às desavenças criadas pelos detratores da Democracia Corintiana. Mesmo assim, o alvinegro somou cinquenta pontos, apenas dois a menos que o São Paulo, a melhor equipe da primeira fase.

Na segunda fase, a chave do Corinthians era formada também por Ponte Preta, Santos e São Bento. Todos jogariam entre si em turno e returno. Logo de cara, em 13 de novembro, o clássico com o Santos e empate de 1 a 1. Depois, jogando fora de casa, vitórias sobre Ponte Preta e São Bento, ambas pelo placar de 2 a 0. Nos jogos de volta, nova vitória sobre o São Bento, desta vez por 3 a 0, empate sem gols com o Santos e igualdade por um gol com a Ponte Preta.

Corinthians e Santos classificaram-se para as semifinais. Pela outra chave passaram São Paulo e Palmeiras. Na fase seguinte, sempre em jogos de ida e volta, duas vagas na final seriam disputadas nos confrontos Corinthians x Palmeiras e São Paulo x Santos.

Pressionado, Leão garante Corinthians na final

Quem assistiu ao segundo jogo da semifinal do Campeonato Paulista de 1983 tem apenas uma constatação a fazer: sem a grande atuação de Leão, dificilmente o Corinthians teria superado o Palmeiras e conquistado o bicampeonato paulista em cima do São Paulo. Tal opinião é unânime até mesmo entre atletas corintianos não muito chegados ao polêmico goleiro, como Sócrates, Wladimir e Casagrande.

No jogo de ida, Corinthians e Palmeiras empataram por 1 a 1. Baltazar abriu o placar para o Palmeiras e Sócrates, de pênalti, empatou para o Corinthians. Nessa partida, a grande arma do Palmeiras foi a eficiente e implacável marcação do volante palmeirense Márcio sobre Sócrates.

A ideia do Palmeiras para o segundo jogo era repetir a tática e se aproveitar de uma aparente queda de rendimento do adversário, pois, em 1983, o Corinthians não fez uma campanha tão brilhante como no Paulistão de 82, como reconhecem alguns jogadores.

Enquanto Sócrates foi bem marcado, o alviverde praticamente dominou o adversário. Durante o domínio palmeirense no início da partida, Leão era o grande destaque, com defesas milagrosas e uma pitada de sorte. Mas bastou uma falta perto da área para Sócrates começar a se soltar. Minutos depois, Biro-Biro inicia uma jogada individual e passa a bola para o Magrão. Beneficiado pela desatenção de seu implacável marcador, o craque corintiano limpa Rocha e Carlão com um drible de corpo e faz o único gol da partida.

Mas o gol saiu aos 21 minutos do primeiro tempo. Havia um jogo inteiro pela frente. Foram momentos tensos, mas Leão garantia a segurança na retaguarda e se destacava na partida. O atacante Casagrande, que nos primeiros meses após a chegada de Leão não dirigiu a palavra ao arqueiro, acredita que Leão pode até ter atrapalhado nos bastidores, mas ajudou muito no campo: "Se não fossem as defesas dele, por exemplo, nas semifinais do Paulistão de 1983, contra o Palmeiras, dificilmente teríamos chegado à final contra o São Paulo e conquistado o título".

Quase vinte anos depois, sob condição de anonimato, pessoas próximas ao elenco contaram que Leão foi pressionado e ameaçado pela diretoria do Corinthians caso o time não se classificasse. "No hotel, houve uma reunião entre jogadores, comissão técnica e diretoria antes de o time sair para o Morumbi", relata uma fonte.

Na reunião, foram tratados problemas de relacionamento no elenco. De acordo com a fonte, em um determinado momento, Sócrates pediu a palavra e acusou Leão de ser o responsável direto pela desunião no grupo devido ao seu estilo individualista. A maior parte do grupo concordou. Leão também expôs seus argumentos.

"Em seguida, o Adílson virou para o Leão e disse o seguinte: 'Se você tomar um gol e o Corinthians perder a vaga na final, todos nós vamos até a imprensa depois do jogo dizer que você entregou o ouro'", garante a fonte.

Nenhum jogador da época confirma a ameaça. Dizem apenas ter ocorrido uma reunião para "lavar a roupa suja". A reunião se estendeu tanto que o Corinthians saiu atrasado do hotel. A delegação chegou ao Morumbi quando faltavam menos de 10 minutos para o início da partida. Alguns jogadores lembram que o time foi entrando em campo aos poucos. E realmente a equipe entrou no gramado em grupos de dois ou três atletas, alguns amarrando as chuteiras ou ajeitando as meias e o resto do uniforme enquanto caminhavam para o gramado.

Com ou sem reunião para lavar a roupa suja, o que se viu em campo foi um Corinthians mais ligado – em comparação com o primeiro jogo – e uma atuação impecável de Leão quando exigido pelos atacantes palmeirenses.

Na outra semifinal, o São Paulo venceu o primeiro jogo contra o Santos por 2 a 1. O empate de um gol garantiu a presença do tricolor na decisão. Pelo segundo ano consecutivo,

Corinthians e São Paulo estariam frente a frente na decisão do Campeonato Paulista.

O nível de tensão nos dois jogos que decidiram o Paulistão de 1983 era enorme. A derrota na decisão do título no ano anterior estava entalada na garganta dos são-paulinos. Além disso, já eram quatro os jogos nos quais o São Paulo não conseguia vencer o Corinthians. No banco, o tricolor tinha a vantagem psicológica de contar com o técnico Mário Travaglini, um dos responsáveis pelo início da Democracia Corintiana e que conhecia profundamente a equipe alvinegra. Na primeira partida, Sócrates marcou aos 33 minutos do primeiro tempo o único gol do jogo. A vitória dava ao Corinthians a vantagem do empate.

Antes do início do derradeiro confronto, em 14 de dezembro, os jogadores corintianos repetiram o gesto de jogos anteriores e entraram em campo com uma faixa que continha os seguintes dizeres: "Ganhar ou perder, mas sempre com democracia!".

Era esse o clima que imperava entre os jogadores corintianos. Pelo lado são-paulino, a situação era outra. Após o jogo, os atacantes alvinegros chegaram a comentar que estranharam a violência de seus adversários, algo que, definitivamente, nunca foi a marca registrada do São Paulo. Darío Pereyra, por exemplo, foi expulso de campo.

Tenso, o jogo seguiu empatado sem gols quase até seu final. Passava dos 40 minutos do segundo tempo e a torcida corintiana ainda não se sentia à vontade para soltar o grito de bicampeão. O sinal verde veio aos 46 minutos da etapa final. Mas não foi pelo apito final do juiz, e sim por um gol marcado por Sócrates. A torcida não precisava mais se conter. O Corinthians era bicampeão pela primeira vez em mais de trinta anos, algo que não acontecia desde as conquistas dos estaduais de 1951 e 1952. A euforia era tamanha que poucos viram o gol de empate do São Paulo, convertido por Marcão aos 48 minutos. Mas de nada adiantou o tento. Logo em seguida, o árbitro

Dulcídio Wanderley Boschilla encerrou a partida. O São Paulo transformava-se assim no principal freguês da Democracia Corintiana.

Para encerrar a temporada, no dia 18, o Corinthians, bicampeão paulista, foi ao Maracanã participar de um amistoso com o Fluminense, campeão carioca daquele ano. Cerca de 15 mil pessoas assistiram ao empate de 2 a 2 entre os campeões dos principais campeonatos estaduais do país.

A saída de Sócrates fragiliza a Democracia Corintiana

Sócrates comemora mais um de seus
172 gols com a camisa do Corinthians.

*E*u sabia que sairia perdendo quando deixei o Corinthians e fui para a Fiorentina. Quando saí do Parque São Jorge, as relações de trabalho no clube estavam num estágio avançadíssimo. No último comício das Diretas Já!, prometi que se a emenda das eleições diretas para presidente fosse aprovada pelo Congresso Nacional, em 1984, eu não sairia do meu país.

A emenda não passou e eu me senti, além de absolutamente frustrado e chocado, comprometido a ir embora. Era a minha palavra em nome de um ideal. Eu sabia que perderia muito com a saída do Corinthians, mas era a forma de eu defender o meu discurso. Era aquela coisa de paixão por aquilo em que eu acredito. Se a emenda fosse aprovada, eu teria ficado aqui com certeza.

Minha saída fragilizou muito a Democracia Corintiana, mas não acabou com ela. Sobre o período após o qual eu saí, não tenho muito o que falar. Mas existia dentro do clube um grupo de pessoas que brigava por tudo aquilo. E eu era um dos personagens que mais lutavam pelo movimento.

Com a minha saída, logo em seguida, ocorreram diversas outras mudanças no elenco, o que acabou criando uma nova sociedade dentro *do Corinthians. Sempre obedecendo aos princípios democráticos, cada sociedade se estabelece como quer. A Democracia Corintiana não era uma imposição ao elenco. Era uma conquista daquele grupo.*

Quando a realidade é transformada, as pessoas que ali permanecem ficam abaladas. Além disso, a saída dos principais líderes tende a enfraquecer qualquer movimento. E foi o que aconteceu nos meses que se seguiram à minha saída. Wladimir, Casagrande, Juninho e outras pessoas que lutavam pelo movimento foram indo embora aos poucos, cada um levando consigo um pedaço da Democracia Corintiana.

É impossível enterrar um movimento como aquele, como insinuam muitos. Você o destrói pontualmente. Não há dúvida quanto ao fato de ter sido feito de tudo para acabar com a Democracia Corintiana. Mas a importância histórica e política de nossa mobilização nunca será perdida. Nada foi em vão.

Já haviam passado mais de quinze anos da minha saída do Corinthians quando um amigo me lembrou de uma frase que eu disse no dia em que fui embora para a Itália e já havia esquecido. Enquanto muita gente chorava, eu falava: "Vocês não têm de chorar por mim. Nós temos de chorar por todos os grandes cérebros deste país. Estão todos indo embora". Falei isso por causa de nossos melhores cientistas, que precisam trabalhar no exterior por causa das condições de trabalho aqui. Sofremos desse mal até hoje.

Em 1984, Corinthians volta a deixar escapar por pouco seu retorno à Libertadores

O Corinthians começou 1984 com mudanças para melhor. A diretoria conseguiu contratar o goleiro Carlos, da Ponte Preta, cobiçado havia anos pelo clube. Ele veio para substituir Leão, negociado após a conquista do bicampeonato paulista. Junto com Carlos, veio o lateral-direito Édson, também da Ponte Preta. Porém, na mesma proporção em que o bicampeonato paulista e a saída de Leão acalmavam um pouco o ambiente no grupo, informações sobre a saída de Sócrates para o futebol italiano contribuíam para agitar a ânsia dos especuladores. Paralelamente, a mobilização popular por eleições diretas ganhava cada vez mais força.

Depois de excursionar pela Ásia durante o mês de janeiro, o Corinthians estreou no Campeonato Brasileiro com um empate sem gols com o Operário do Mato Grosso no Canindé, em 3 de fevereiro. A primeira vitória veio na partida seguinte, também disputada no Canindé: 1 a 0 contra o Anapolina, gol de Paulinho aos 4 minutos do primeiro tempo. Os dois jogos seguintes seriam fora de casa. No primeiro, derrota por 2 a 1 para o Joinville. No segundo, empate de 1 a 1 com o Internacional no Beira-Rio.

Nos jogos válidos pelo returno do Grupo G do Brasileirão de 1984, o Corinthians venceu o Joinville por 2 a 1, no Canindé, devolvendo a derrota para o time catarinense na mesma moeda. Depois, em Cuiabá, goleou o Operário por 4 a 0. Nas duas últimas partidas da primeira fase, o Corinthians empatou por 0 a 0 com Internacional e Anapolina e garantiu sua classificação no primeiro lugar da chave.

O Corinthians integrou o Grupo O na segunda fase, ao lado dos pernambucanos Náutico e Santa Cruz e do paraibano Treze. O Corinthians estreou com estilo, goleando o sorrateiro Náutico por 4 a 0 no Morumbi. Nas duas partidas seguintes, atuando fora de casa, empatou com o Santa Cruz por 1 a 1 e com o Treze por 0 a 0. Nos jogos de volta, venceu o Santa Cruz pela contagem mínima, voltou a empatar com o Treze, dessa vez por 1 a 1, e foi implacavelmente goleado pelo Náutico por 5 a 1.

Com esse último resultado, Náutico, Corinthians e Santa Cruz terminaram a fase empatados com sete pontos. De acordo com os critérios de desempate, Náutico e Corinthians prosseguiram na competição. Mas a derrota abalou o Corinthians, que suou para terminar a terceira fase no segundo lugar do Grupo S.

Disputando as duas primeiras partidas fora de São Paulo, o alvinegro retornou à capital paulista com um empate de 1 a 1 com o Atlético Paranaense e uma derrota por 2 a 1 para o Grêmio, seu carrasco no Campeonato Brasileiro de 1982. De volta ao lar, o alvinegro iniciou sua recuperação em 14 de abril, um sábado. Goleou o Goiás por 5 a 0 em uma atuação impecável de Sócrates. Ele abriu o placar do Morumbi aos 29 minutos do primeiro tempo. Na etapa final, Sócrates ampliou aos 8 e Casagrande aos 24. Sócrates ainda deixaria sua marca em mais duas oportunidades, aos 33 e aos 41 do segundo tempo.

Na segunda-feira, dia 16, nada de jogo. Era dia de pensar no país. Mais de 1 milhão de pessoas invadiram as ruas centrais de São Paulo na direção do Vale do Anhangabaú para uma megamanifestação pacífica em favor da realização de eleições diretas para presidente. André Franco Montoro, então governador de São Paulo, falava em 2 milhões de pessoas na multidão; o apresentador Osmar Santos anunciou a presença de 1,7 milhão de pessoas. Segundo os números da polícia, 1,5 milhão foi o total de presentes no maior comício do movimento *Diretas Já!*.

Líderes da Democracia Corintiana também participaram da manifestação popular. Foi nesse dia, no palanque montado no Anhangabaú, que Sócrates anunciou: "Se o Congresso Nacional não aprovar a emenda das diretas, eu saio do país". Faltavam apenas nove dias para a fatídica votação.

Nesse intervalo, nos jogos restantes válidos pelo returno, o Corinthians obteve um empate sem gols com o Grêmio, nova vitória sobre o Goiás – desta vez por 1 a 0 no Serra Dourada – e vitória por 2 a 0 sobre o Atlético Paranaense em 25 de abril, dia da votação da emenda das diretas.

Já era madrugada do dia 26 quando o Congresso Nacional frustrou todo um país ansioso pelo direito de escolher seu líder. Apesar da maioria de 298 votos a favor e 65 contra, a emenda Dante de Oliveira precisaria ainda de mais 22 sufrágios para ser aprovada e dar aos brasileiros maiores de 18 anos na época o direito de ir às urnas eleger o presidente. Houve ainda três abstenções.

Aos progressistas, restava apenas lamentar e seguir adiante em busca de um objetivo comum que só seria atingido em 1989, quando foram realizadas as primeiras eleições presidenciais desde o início da década de 1960.

De volta aos gramados, a campanha na fase anterior garantiu ao Corinthians uma vaga nas quartas-de-final do Campeonato Brasileiro. Só havia um problema: o adversário seria o poderoso Flamengo, então bicampeão brasileiro. Para piorar, o craque Sócrates não disputaria a partida de ida. No primeiro jogo, disputado no Maracanã em 29 de abril, deu a "lógica" e o Flamengo venceu por 2 a 0, gols de Élder e Bebeto. Alguns jogadores corinthianos chegaram a sair de campo satisfeitos por não terem sido goleados.

A verdade é que poucas pessoas consideravam possível o Corinthians superar o Flamengo, mesmo com o retorno de Sócrates ao time. Em 6 de maio de 1984, o Corinthians entrou no gramado do Morumbi com Carlos no gol, Édson, Mauro, Juninho e Wladimir na defesa, Paulinho, Sócrates e Zenon no meio de campo, e Biro-Biro, Casagrande e Eduardo no ataque.

Como o Corinthians precisava de gols, os mais de 115 mil torcedores presentes assistiram à equipe paulista saindo com tudo para cima do Flamengo. Depois de muita insistência, aos 32 minutos, Biro-Biro conseguiu abrir o placar. O Corinthians dominava o adversário. Wladimir ampliou aos 38. Ao término do primeiro tempo, o Corinthians já havia devolvido o placar da derrota no Rio. Logo aos 7 minutos da etapa final, Édson marcou o terceiro gol corinthiano. Aos 14, Ataliba, que entrara no lugar de Eduardo, marcou o quarto. A fiel torcida corinthiana estava em festa. O zagueiro Juninho erguia os braços para pedir o incentivo da massa, conquistando sua simpatia. O gol de honra flamenguista saiu aos 21 minutos e também foi marcado por um corinthiano. Em um lance infeliz, Paulinho empurrou a bola para dentro da própria meta.

A goleada por 4 a 1 classificou o Corinthians para a semifinal, na qual teria pela frente o também carioca Fluminense. Seria o confronto entre os então campeões dos dois campeonatos estaduais mais importantes do país. O vencedor do confronto garantiria não só uma vaga na decisão, mas também estaria classificado para a Libertadores da América.

Em 13 de maio, mais de 90 mil pessoas pagaram para ver o Fluminense bater o Corinthians por 2 a 0 em pleno Morumbi, gols de Assis e Tato. "A culpa pela derrota foi toda nossa", analisa Juninho. "Tomamos o gol 'politicamente incorreto'. Perdíamos por 1 a 0, partimos para cima do Fluminense e nos expusemos demais. Tomamos o segundo gol a menos de 10 minutos do fim da partida. Precisaríamos marcar três gols fora de casa contra o time que tinha a melhor defesa do campeonato", comenta. "Se tivéssemos perdido só por 1 a 0 nossas chances seriam maiores", acredita.

A inesperada derrota em casa abalou a equipe. Uma semana depois, o Fluminense conseguiu segurar o empate sem gols e eliminou o Corinthians. A equipe carioca conquistou o título sobre o rival Vasco da Gama, que naquele ano subiu da Taça de Prata e chegou à final.

Curiosamente, o Fluminense eliminou o rival paulista na semifinal do Brasileirão, ficou com o título nacional e, de quebra, conquistou o bicampeonato carioca em 1984 e o tri em 1985. O Corinthians, então bicampeão, ficou a um passo do tri paulista em 1984, perdendo o jogo decisivo para o Santos e tendo de se contentar com o vice-campeonato após dois anos seguidos de conquista. Mas esse assunto será tratado mais para a frente.

Encerrada a participação corintiana no Campeonato Brasileiro, restava a Sócrates cumprir sua palavra e deixar o Brasil após a rejeição da emenda Dante de Oliveira pelo Congresso. A negociação com a Fiorentina se concretizou e o principal líder da Democracia Corintiana estava prestes a partir.

O desentendimento com Jorge Vieira

O ímpeto e a experiência: o aguerrido
Casagrande e o refinado Doutor Sócrates
entram no gramado do Morumbi,
palco das conquistas corintianas
de 1982 e 1983.

*E*u trabalhei com o Jorge Vieira mais de uma vez. Ele foi meu técnico no Botafogo e também me treinou em duas oportunidades no Corinthians. Ao contrário do que a imprensa costumava dizer na época, sempre com o intuito de rotular, ele não era um cara linha--dura. Quando ele atacou a Democracia Corintiana, na verdade, quis se defender.

Quando as pessoas vinham de fora e entravam no meio do sistema, às vezes elas se sentiam um pouco diminuídas. Um técnico é acostumado a ter poder absoluto. No Corinthians, ele trabalhava na área dele. Nos assuntos comuns, o técnico também participava da votação. E o voto dele era um só, como o meu, o do Wladimir ou o do Adílson. Ele poderia tanto perder todas as decisões quanto ganhar todas.

A Democracia Corintiana estava rompendo a dinastia dos técnicos de futebol. É muito fácil dizer que o movimento era uma porcaria, uma anarquia, até porque esse foi o rótulo que se colocou. Mas que anarquia é essa que vota tudo?

As pessoas não têm consciência, ou não tinham consciência na época, do que representava o termo. Nós tínhamos um sistema político totalmente diferenciado e estruturado. Todos nós participávamos das decisões e tínhamos voto unitário. Ou seja, ninguém era superior a ninguém. Todos iguais. Que anarquia é essa? Ao contrário disso, nossa estrutura era muito mais politizada do que qualquer outra.

Sócrates despede-se do Corinthians longe de sua torcida

O empate de 0 a 0 com o Fluminense em 20 de maio foi o último jogo oficial disputado por Sócrates com a camisa do Corinthians. Em uma acusação velada feita posteriormente em entrevistas concedidas à imprensa, o técnico Jorge Vieira acusou "um líder" da Democracia Corintiana de ter "bebido demais" às vésperas da partida, quando o time já estava concentrado no Rio de Janeiro.

Os críticos da Democracia Corintiana apressaram-se em apontar o dedo para Sócrates quando a acusação foi feita, principalmente porque ele já estava na Europa naquele momento. Tanto Sócrates quanto outros jogadores do Corinthians na época são veementes em negar que algo do gênero tenha acontecido com qualquer atleta do elenco.

Após a eliminação pelo Fluminense, Sócrates ainda faria mais dois jogos amistosos antes de deixar definitivamente o Corinthians, nenhum deles em São Paulo, diante da torcida corintiana.

No primeiro, em 3 de junho, o Corinthians venceu o Vasco da Gama por 3 a 0 em partida comemorativa disputada em Juazeiro do Norte. No dia 10 daquele mês, Sócrates fez sua despedida definitiva em Kingston, contra a seleção jamaicana, que venceu o Corinthians por 2 a 1. O gol da equipe paulista foi marcado por Sócrates, seu 172º em 297 jogos com a camisa alvinegra.

Antes do embarque, o técnico Jorge Vieira quis cortar o atacante Casagrande por suposta indisciplina. O amigo Sócrates rebelou-se e anunciou que não embarcaria se Casagrande não viajasse. Como a despedida era uma festa para Sócrates, não fazia sentido o homenageado não viajar. No fim das contas, foi o técnico Jorge Vieira quem não embarcou e acabou por pedir demissão.

O último jogo oficial de Sócrates com a camisa do Corinthians perante a torcida alvinegra foi a derrota por 2 a 0 para o Fluminense no jogo de ida da semifinal do Campeonato Brasileiro.

Corinthians deixa o tricampeonato escapar

Após a saída de Jorge Vieira, Hélio Maffia voltou a assumir interinamente o comando técnico do Corinthians. Mas seu trabalho não seria fácil. O craque Sócrates foi vendido à Fiorentina. Depois de um longo impasse, o artilheiro Casagrande estava emprestado ao rival São Paulo. Em contrapartida, ele ainda contava com a segurança de Carlos no gol, com a eficiência dos laterais Wladimir e Édson, com a raça de Mauro, Juninho e Biro-Biro, com a precisão dos passes e dos chutes de Zenon e com a habilidade de Eduardo. O novo centroavante era Lima, contratado junto ao Operário de Mato Grosso do Sul. Além disso, chegariam novas contratações de peso ao longo do campeonato.

Apenas dez dias após a despedida de Sócrates, o Corinthians já voltava a campo para realizar amistosos. No dia 20 de junho, o Corinthians foi a Araçatuba, de onde saiu com um magro empate de 0 a 0 com a equipe local. Em seguida começaria o Torneio Início, que foi vencido pelo Santos. Em 24 de junho, o Corinthians venceu o Guarani por 1 a 0. No mesmo dia, empatou por 0 a 0 com o São Bento, que venceu nos escanteios por 1 a 0 e eliminou o Corinthians. É válido explicar que as partidas do Torneio Início eram disputadas em dois tempos de 15 minutos. Por esse motivo, era possível realizar diversos jogos no mesmo dia.

O Corinthians estreou fora de casa no Campeonato Paulista de 1984 com um empate sem gols com o Marília. Naquele ano, a fórmula de disputa seria a mais simples e eficaz já criada. Todos contra todos, em turno e returno, por pontos corridos. Vinte times disputavam o título. A meta do Corinthians, então bicampeão, era conquistar o quarto tricampeonato paulista de sua história. E por muito pouco o alvinegro não o conseguiu.

A primeira vitória corintiana no certame veio na segunda rodada, em 4 de julho. O time da capital venceu o XV de Piracicaba por 3 a 1. No dia 7, o Corinthians jogava em casa com o Botafogo de Ribeirão Preto. Aos 23 minutos de jogo, a equipe do interior já vencia por 2 a 0. Mas Biro-Biro e Édson conseguiram evitar um vexame maior diante da torcida e marcaram os gols que igualaram o marcador. Em 11 de julho, o Corinthians voltou a vencer, dessa vez fora de casa. A vítima foi o Comercial de Ribeirão Preto. O Corinthians derrotou o adversário por 2 a 0, gols de Lima e Biro-Biro.

Mas as coisas não estavam fáceis para o Corinthians. Em 15 de julho de 1984, o alvinegro foi a Taubaté. Logo aos 5 minutos, Lima colocou o Corinthians em vantagem. Porém, a dois minutos do fim da partida, Gil igualou o marcador e fez o Corinthians amargar seu terceiro empate em cinco jogos.

A partida seguinte seria o duelo com o São Paulo. O jogo marcou a estreia do craque Arturzinho, contratado junto ao Vasco após uma frustrada tentativa de contratar Geovani. Não há momento melhor que um clássico para se recuperar num campeonato. Gassem abriu o placar para o tricolor aos 16 minutos do primeiro tempo. Lima empatou aos 11 do segundo. A torcida corintiana nem havia parado de comemorar quando Sidney voltou a colocar o São Paulo em vantagem, quatro minutos após o empate. Aos 26, Lima voltou a marcar e garantiu ao Corinthians um ponto.

Até aquele momento, em seis jogos, o Corinthians havia conseguido apenas duas vitórias e quatro empates, conquistando apenas oito pontos. As coisas ficaram piores na sétima rodada, quando o Corinthians foi derrotado por 1 a 0, em casa, pelo América de São José do Rio Preto.

Num campeonato por pontos corridos, qualquer ponto perdido pode fazer falta na reta final. Na partida seguinte, contra a Portuguesa, apenas a vitória interessava ao Corinthians. Mas foi a Lusa quem saiu na frente, com um gol de Toquinho aos 11 minutos. O Corinthians jogava bem, mas não conseguia o empate. Apenas aos 36 minutos Paulo César empatou para o alvinegro. Três minutos depois Lima colocou o Corinthians em vantagem. No segundo tempo Lima voltou a marcar aos 12 e começou a desenhar uma goleada. Com gols aos 35 e aos 37, o garoto Dicão fechou a goleada corintiana por 5 a 1 sobre a Portuguesa em 29 de julho.

O resultado deu mais tranquilidade ao Corinthians, que em seguida venceu o São Bento por 2 a 0 e empatou com o Santo André por 1 a 1. Após esse empate, novos tropeços alvinegros. Em Limeira, derrota por 1 a 0 para a Internacional. Em Jaú, empate de um gol com o XV local. O Corinthians reencontrou o caminho da vitória apenas em 15 de agosto, ao bater a Ferroviária por 3 a 2, em Araraquara.

Até então, o preparador físico Hélio Maffia vinha realizando um trabalho razoável como técnico. Mas não era essa sua especialidade. Após a vitória sobre a Ferroviária, o Corinthians fechou com Jair Picerni, que estrearia em 19 de agosto no clássico contra o Palmeiras. Paulo César abriu o placar aos 38 minutos de jogo. Aos 26 do segundo tempo, Arturzinho marcou seu primeiro gol com a camisa alvinegra e fechou a vitória corintiana por 2 a 0 sobre o Palmeiras.

Como havia uma folga de dez dias na tabela do Campeonato Paulista, o Corinthians viajou ao Mato Grosso do Sul para realizar dois amistosos. Em 24 de agosto, venceu o Douradense por 3 a 0. Dois dias depois, empatou por 0 a 0 com o Operário de Campo Grande.

O Corinthians voltou a jogar pelo Campeonato Paulista em 29 de agosto, quando venceu a Ponte Preta por 2 a 0. No primeiro dia de setembro de 1984, data do 74º aniversário de existência do Corinthians, vitória alvinegra sobre o Juventus por 1 a 0, gol de Paulo César.

Em seguida, o Corinthians viajou para Firenze, Itália, para realizar um amistoso com a Fiorentina, a equipe italiana que contratou Sócrates. Em 5 de setembro, Fiorentina e Corinthians empataram por 2 a 2. Os dois gols corintianos foram marcados por Zenon. Pelegrini e Checoni marcaram para a equipe italiana.

No retorno ao Paulistão, uma derrota por 2 a 1 para o Guarani em 9 de setembro quebrou uma sequência de quatro vitórias consecutivas do Corinthians no campeonato. Restavam ao Corinthians dois jogos para concluir o primeiro turno. No primeiro, vitória por 3 a 0 sobre o Taquaritinga. No último, empate de 0 a 0 no clássico com o Santos.

O Corinthians voltou bem melhor no segundo turno. No primeiro jogo do returno, em 19 de setembro, vitória por 3 a 1 sobre a Ferroviária. Todos os gols alvinegros foram marcados por Arturzinho. O jogo marcou ainda a estreia do infernal ponta-esquerda João Paulo. Na sequência, duas vitórias por 1 a 0, sendo uma fora de casa, sobre o Taquaritinga, e outra em casa, sobre o Comercial de Ribeirão Preto. Em 30 de setembro, de nada adiantou o gol olímpico de Arturzinho aos 18 minutos do primeiro tempo contra o XV de Jaú. A equipe interiorana reagiu e arrancou do Corinthians um empate de 1 a 1 em pleno Morumbi.

Em 6 de outubro, a primeira derrota do returno. Em Ribeirão Preto, vitória do Botafogo por 3 a 0. No jogo seguinte, vitória por 1 a 0 sobre o Juventus. Mas o Corinthians voltou a perder em 14 de outubro, desta vez no clássico contra o São Paulo. O tricolor venceu o rival por 1 a 0. O gol foi marcado por Careca aos 42 minutos do segundo tempo. A derrota praticamente sepultava as esperanças corintianas de chegar ao tricampeonato.

O alvinegro não podia mais perder se quisesse chegar ao título. Mas as contratações prosseguiam. A derrota para o São

Paulo marcou a estreia de Dunga, o volante raçudo revelado pelo Internacional que dez anos mais tarde se destacaria na conquista do tetracampeonato mundial brasileiro na Copa de 1994, nos Estados Unidos.

"O elenco estava abalado. Estávamos no vestiário discutindo a situação quando o Eduardo pediu a palavra e disse: 'É tudo muito simples. Para sermos campeões precisamos ganhar todos os jogos'", conta o ex-zagueiro Juninho. "Ele falou aquilo como se fosse a coisa mais simples do mundo. Não conseguíamos ganhar nem dois jogos seguidos e precisávamos ganhar doze. O mais engraçado é que, no fundo, era aquilo mesmo. Se quiséssemos o título, não podíamos mais perder pontos."

Mas o fiel torcedor corintiano parece acostumado com esses milagres. Historicamente, a possibilidade de reverter situações extremamente adversas parece dar ânimo ao Corinthians. Quando todos pensam que o alvinegro já entregou os pontos, o time ressurge das cinzas e surpreende a todos.

Três dias após a derrota para o São Paulo, o Corinthians iniciou uma surpreendente recuperação com uma suada vitória por 3 a 2 contra o Santo André. Fora de casa, em 21 de outubro, empate de 1 a 1 com o América.

No jogo seguinte, contra o Guarani, o Corinthians deu início a uma boa série de vitórias. Em 24 de outubro, bateu o Bugre por 2 a 1. Pelo mesmo placar, bateu o XV de Piracicaba no dia 27. Também por 2 a 1, o Corinthians venceu o Palmeiras em 4 de novembro. Detalhe: essas três vitórias foram obtidas após o Corinthians sair perdendo para seus adversários. "As vitórias foram todas suadas. Não vencemos nenhuma por mais de dois gols de diferença e boa parte desses resultados foi obtida de virada", lembra Juninho.

Suadas ou não, as vitórias prosseguiam. Em 8 de novembro, 2 a 0 sobre a Inter de Limeira. Três dias depois, o jogo com o São Bento foi suspenso devido às fortes chuvas que atingiram a região de Sorocaba. A partida foi retomada no dia 13 e o Corinthians venceu por 2 a 0, gols de Biro-Biro e Lima. "Antes de entrar em campo, não pensávamos em outra coisa a não ser na vitória. Era o nosso pacto", diz o ex-zagueiro corintiano.

No feriado de 15 de novembro, mais de 40 mil pessoas pagaram ingresso para assistir à vitória do Corinthians sobre o Marília por 2 a 1 no Pacaembu. O gol da vitória foi marcado por Biro-Biro no último minuto de jogo.

O Corinthians estava quase lá. No domingo, dia 18, venceu a Portuguesa por 2 a 0. Pelo mesmo placar, bateu o Taubaté em 21 de novembro. Na penúltima rodada, um empate de 0 a 0 com a Ponte Preta deixou o Corinthians a apenas um ponto do líder Santos, que seria seu adversário na última rodada. Restava apenas o título de tricampeão para coroar a surpreendente arrancada corintiana na reta final do Paulistão de 1984.

"Analisando hoje, acho que esse empate com a Ponte colocou tudo a perder. Mudamos a filosofia no meio do caminho. Fomos jogar em Campinas acreditando que o empate fora de casa seria um bom resultado. E era bom mesmo. Se perdêssemos para a Ponte, tudo ficaria mais difícil. Era melhor ter um ponto e ficar encostado no Santos na tabela do que não ter nenhum e precisar fazer milagre no último jogo. Todos estavam mentalmente esgotados", relata Juninho.

Um campeonato disputado no sistema de pontos corridos ganha muito em emoção quando dois concorrentes ao título enfrentam-se na rodada decisiva. Coincidências do esporte. Todas as atenções naquele 2 de dezembro estavam voltadas para o Morumbi. O Santos, com 55 pontos, precisava apenas do empate para sagrar-se campeão. Ao Corinthians, com 54 pontos, apenas a vitória interessava. O resultado daria ao alvinegro do Parque São Jorge o quarto tricampeonato estadual de sua história.

Mais de 100 mil pessoas compareceram ao Estádio Cícero Pompeu de Toledo para assistir à decisão do título. A partida foi tensa. Os jogadores corintianos pareciam irritados com a arbitragem. Arturzinho e João Paulo eram impiedosamente caçados em campo pelos jogadores santistas. O árbitro José de

Assis Aragão parecia indiferente à violência. Tão indiferente que deixou de marcar um pênalti claro em Zenon quando o jogo ainda estava empatado por 0 a 0.

Para piorar, o Corinthians não acertava o pé. Máximas do futebol estão aí para isso. Quem não faz leva. E, apesar de o Corinthians estar jogando melhor, foi o Santos quem marcou. Aos 27 do segundo tempo, Serginho Chulapa empurrou a bola para o fundo das redes de Carlos após receber cruzamento da esquerda. Era o gol do título santista. O Corinthians não conseguiria reagir. O sonho de mais um tricampeonato corintiano estava adiado.

Há quem fale sobre um complô para impedir mais um título em meio à já enfraquecida Democracia Corintiana. Afinal, a eventual conquista do tricampeonato paulista poderia dar um novo impulso ao movimento, o que não seria do agrado dos cartolas. Como provar isso seria impossível sem confissões, persistirá a dúvida.

Quatro dias após a derrota para o Santos, o Corinthians foi a Birigui, onde venceu por 3 a 1 um amistoso com o Bandeirante. Em seguida, o elenco saiu em férias. Mas aquele que seria um período de descanso após uma temporada cansativa transformou-se no primeiro grande racha do elenco, segundo o ex-zagueiro Juninho.

Logo no início de janeiro, a diretoria do Corinthians começou a telefonar para os jogadores para que retornassem uma semana antes do combinado. Juninho conta que alguns voltaram quando a diretoria pediu e outros não. "O grupo rachou ali e os resultados tornaram-se ainda mais imperativos do que antes", garante ele.

As lições da Democracia Corintiana

No Corinthians, Sócrates nunca foi capitão. Titular absoluto de Telê Santana com a camisa amarela, o "Magrão" foi escolhido pelo técnico para vestir a faixa de capitão. Na foto, Sócrates comemora gol pelo escrete canarinho.

*A*pós o término da Democracia Corintiana, não houve nenhuma tentativa efetiva de se instalar um sistema semelhante em nenhum outro clube, nem mesmo no próprio Corinthians. Porém, as relações de trabalho caminham para esse fim. Se formos analisar a relação das grandes corporações multinacionais globalizadas com seus funcionários, será possível perceber que começa a existir uma postura perene de participação ativa dos empregados nas decisões.

Os funcionários participam ativamente das tentativas de encontrar soluções para as decisões que as grandes empresas tomam. Agora imagine isso numa estrutura pequena como um clube de futebol. Naturalmente, as coisas caminharão para esse lado. Há a consciência hoje de que os funcionários têm de participar das decisões, muito mais do que o chefe. Dessa forma, o trabalhador será encorajado e encontrará soluções.

A consciência sobre as relações de trabalho já existe na cabeça do assalariado. Falta apenas espaço para ele expor as suas opiniões. Para mim, a evolução natural da humanidade e das relações de trabalho passa pelo processo de democratização, inclusive no futebol. É claro que *isso depende muito de espaços a serem conquistados, de mudanças de mentalidade.*

O futebol é uma estrutura extremamente conservadora que tem medo do poder de seus artistas. Isso é natural. Em que estrutura organizada o trabalhador braçal tem mais poder do que o chefe? Só no esporte, só na arte. Então os donos do negócio tentam diminuir seus artistas para que eles não tenham consciência disso.

A maior parte dos jogadores não tem acesso ao capital. O que existe hoje é uma maior concentração de renda. A distribuição de renda hoje é muito pior do que na minha época de jogador. Se formos levar isso ao extremo, isso pode estimular um novo processo revolucionário; globalizado.

Muito mais gente hoje está excluída do sistema. Isso pode fazer com que surjam determinados líderes. Porém, isso é uma questão de formação. Tudo passa inevitavelmente pela conscientização da sociedade.

Sem formação, você não tem conhecimento nem capacidade de analisar de forma coerente as informações que recebe. Você não tem noção nenhuma do que acontece com você. Basicamente, é isso que precisa ser revertido.

Para chegar a essa conclusão, é só comparar a estrutura sindical dos jogadores italianos com a dos jogadores brasileiros. Eles tiveram formação melhor. Eles sabem o que querem. Eles têm força política e sabem fazer uso dela. Eles fazem parte de todo o processo decisório.

Aqui, ninguém participa de nada, ninguém se manifesta, mesmo estando fora do processo de decisão. Mas isso um dia irá mudar. Não sei dizer quando. Mas mudará porque é um processo natural. A humanidade sempre luta por melhores condições e isso beneficia a todos.

O fracasso de um supertime

Sócrates já estava na Itália. Casagrande estava de volta depois de ter disputado o Campeonato Paulista pelo São Paulo. Para defender a Democracia Corintiana em 1985, além do atacante, restaram Wladimir, Juninho, Zenon e alguns outros gatos-pingados. O diretor de futebol Adílson Monteiro Alves já não era mais tão democrático assim, apesar de ele ter-se candidatado à presidência do clube naquele ano prometendo dar sequência ao trabalho que tantos frutos rendeu ao clube.

Entre o fim de 1984, quando o Corinthians deixou escapar na última rodada do Campeonato Paulista a oportunidade de conquistar o tricampeonato paulista, e o início de 1985, diversos astros foram contratados. Do goleiro ao ponta-esquerda, todos os jogadores titulares tinham passagem pela seleção brasileira. O único estrangeiro, o uruguaio Hugo de León, também era titular na seleção de seu país.

O fato é que o time dos sonhos do Corinthians não vingou em 1985. "A intenção do Adílson era montar um supertime, só com estrelas", recorda Wladimir. "Todos os titulares tinham passagem pela seleção. Vieram De León, Serginho Chulapa, Édson, Arturzinho, João Paulo. Enfim, os onze jogadores titulares estavam na seleção ou haviam passado por ela", conta.

De acordo com o ex-lateral-esquerdo símbolo da raça e da determinação corintianas, esse foi o grande erro da diretoria. Ele diz ainda que esse foi mais um dos motivos que aceleraram o fim do movimento: "O Adílson não consultou ninguém na hora de montar esse time. Esse foi o sintoma crucial para a coisa degringolar. Ele já estava fazendo uso de seu cargo da maneira que lhe fosse mais conveniente, ou mais conveniente ao clube".

Wladimir nota que, quando há muitos astros num time, o individualismo passa a predominar e dificulta a obtenção de resultados: "Essa grande equipe foi montada e a gente não ganhava de ninguém, nem da gente mesmo. O estrelismo dentro do grupo era extremo. Quando você monta um time com muitas estrelas, ou elas são humildes o suficiente para assumir a responsabilidade do grupo ou a coisa desanda".

E a coisa desandou. A "supermáquina" corintiana estreou no Campeonato Brasileiro em 27 de janeiro daquele ano contra o Vasco no Morumbi. Casagrande abriu o placar aos 21 minutos do primeiro tempo, com um gol de cabeça marcado de fora da área. Mas Cláudio Adão empatou a partida no fim da etapa inicial. Aos 33 do segundo tempo, o malandro Serginho Chulapa dominou a bola com a mão e chutou para o fundo das redes de Acácio. O juiz não viu o toque de mão e validou o lance, para revolta dos vascaínos. Mesmo assim, Cláudio Adão voltou a empatar o jogo, dessa vez no último minuto, e colocou água no chope naquela que deveria ser uma festa corintiana.

Novamente jogando em casa, o Corinthians perdeu para o Internacional por 1 a 0. Na terceira rodada, derrota para o Flamengo por 2 a 0 no Maracanã. De volta a São Paulo, empate de um gol com o Cruzeiro. Com os quatro jogos sem vitória, o técnico Jair Picerni caiu.

A primeira vitória veio apenas na quinta rodada, quando o preparador físico Hélio Maffia reassumiu interinamente o comando da equipe: um magro 1 a 0 sobre o Santos, gol marcado por Dunga aos 39 segundos de jogo.

Carlos Alberto Torres foi então contratado. Quando treinou o Flamengo, o capitão do tri ficou conhecido por dar mais liberdade aos jogadores, comportamento que se enquadrava nos padrões democráticos do Corinthians. Em uma sequência de clássicos paulistas, o time começou a embalar. Venceu o São Paulo e a Portuguesa por 2 a 0. Depois foi a Recife, onde empatou com o Náutico por 0 a 0. E a recuperação continuava. O Corinthians venceu o Bahia por 2 a 0 e goleou o Goiás por 4 a 0 em pleno Serra Dourada. Com esses resultados, o alvinegro do Parque São Jorge terminou o primeiro turno da primeira fase no segundo lugar do Grupo A, cujos times enfrentavam as dez equipes do Grupo B.

Mas o Corinthians começou o segundo turno com o pé esquerdo e foi derrotado pelo Vasco pela contagem mínima. Depois, uma sequência de empates: 1 a 1 com Internacional e Cruzeiro fora de casa e 0 a 0 com o Santos no Pacaembu. No fim da série de empates, derrota para o São Paulo por 2 a 1. A recuperação veio com nova vitória por 2 a 0 sobre a Portuguesa na tarde de 31 de março, um domingo.

No dia seguinte haveria novas eleições no Parque São Jorge. Se em 1983 Waldemar Pires venceu com certa facilidade na escolha dos associados, o pleito em 1985 seria definido pelos membros do Conselho Deliberativo, o que poderia facilitar eventuais manobras contra a Democracia Corintiana.

Pires guarda boas recordações daquele 31 de março: "Talvez eu tenha sido o único presidente do clube que, quando encerrou o mandato, no último jogo como presidente – um Corinthians e Portuguesa no Pacaembu –, antes de a partida começar, os torcedores tenham pedido para dar uma volta olímpica em torno do campo. Todos me aplaudiram. Eu saí sob aplausos e foi uma reação espontânea. Quem pediu foi a torcida. Os jogadores também me abraçaram". Não há relatos de que algo semelhante tenha acontecido com outro presidente na história do Corinthians.

Mas estas não são as únicas boas recordações da época guardadas por Waldemar Pires: "Eu moro no Morumbi, perto do estádio. Quando terminou o Campeonato Paulista de 1982, fui direto para minha casa, feliz por termos sido campeões. Dez minutos depois, ouço um barulhão. Eu moro numa rua sossegada. Quando vou ver, o ônibus do Corinthians está na porta da minha casa. A delegação foi toda pra lá. Foi uma surpresa. Passamos a noite batendo papo. Todos os jogadores estavam presentes. Não fomos para lugar nenhum naquele dia, só no dia seguinte", lembra o ex-presidente corintiano.

Mas o bom relacionamento entre jogadores e diretoria não se limitava apenas à união em tempos de sucesso. "Quando fomos bicampeões em 1983, aconteceu a mesma coisa. Cheguei em casa e dez minutos depois o ônibus do Corinthians estava lá. Mas eram os jogadores que pediam. Era uma atitude espontânea, tanto é que eu nem estava preparado para recebê-los. Em 84, quando perdemos o tricampeonato naquele jogo com o Santos, voltei para casa meio chateado. E novamente, logo depois, chega o ônibus do Corinthians. Se os jogadores tivessem alguma mágoa, certamente não iriam pra lá", comenta.

Nos bastidores políticos do clube, houve insistência para que Waldemar Pires lançasse sua candidatura ou concorresse como vice. Mas ele preferiu contrariar a regra e obedeceu os estatutos do Corinthians.

"Meu mandato havia terminado. Em respeito ao estatuto, indiquei o Adílson e o Scarpelli. Se eu concorresse a um terceiro mandato consecutivo, estaria passando por cima dos estatutos. O Alberto Dualib, por exemplo, deveria ter saído na segunda metade da década de 90, mas começou a fazer reformas estatutárias e se perpetuou no poder. O Trindade fez isso, o Helu fez isso, o Matheus fez isso. Mas o certo mesmo, respeitando o que está escrito, é mandato de dois anos, podendo se reeleger por mais dois. Se quiser voltar mais tarde, em outra eleição, é outra história. Mas esse era o certo. Houve especulações de que eu inverteria a chapa, como fez o Matheus em 81", recorda.

"Nós havíamos conseguido acabar com aquele vício. Logicamente, não seríamos nós quem o manteríamos", defende.

Além disso, Pires tinha um sucessor natural. Adílson Monteiro Alves ganhou prestígio e construiu uma boa imagem na direção de futebol do clube nos anos da Democracia Corintiana. Nada mais lógico que ele liderar a chapa Democracia Corintiana. A seu lado, como vice, estava Sérgio Scarpelli, o homem que cuidou das finanças do Corinthians e manteve o caixa do clube no azul durante os tempos democráticos.

A oposição resolveu então usar as armas da Democracia Corintiana para tentar esvaziá-la. O representante oposicionista era Roberto Pasqua. Em um golpe calculado, sua chapa foi batizada Aliança Democrática Corintiana. A intenção era pegar desprevenidos os desavisados e tentar demonstrar que não havia diferença entre um candidato e outro. Pasqua chegou até mesmo a prometer que a Democracia Corintiana continuaria em vigor se ele assumisse o poder. Mas sua ideia era esvaziar as propostas adversárias como fosse possível.

Infelizmente – para o Corinthians e para o futebol –, Pasqua venceu o pleito de 1º de abril de 1985 por 162 votos a 130. Indignado, Orlando Monteiro Alves denunciava: "Fomos roubados. Bem que avisei que os mortos viriam votar". Ele referia-se a antigos conselheiros vitalícios já falecidos.

Sérgio Scarpelli, por sua vez, conta que a tática adversária foi outra: "O Roberto Pasqua era presidente do Conselho Deliberativo naquela época. A maior parte do conselho havia sido eleita pelo Waldemar. Supunha-se então que a maioria do conselho ficaria com ele. Porém, o estatuto do clube determinava que, se um conselheiro faltasse a três reuniões seguidas ou cinco alternadas sem justificativa, estaria eliminado. Na semana que antecedeu as eleições, o Pasqua eliminou os conselheiros leais ao Waldemar que tinham faltado às reuniões. Ele deve ter eliminado uns trinta ou quarenta nomes e colocou o mesmo número de votos de cabresto. A chapa do Pasqua ganhou por uma diferença relativamente pequena e a gestão democrática acabou no Corinthians".

Para o ex-zagueiro Juninho, a Democracia Corintiana sofreu dois duros golpes difíceis de serem contornados: "O primeiro foi a saída do Sócrates. O segundo e fatal golpe contra o movimento foi a derrota eleitoral do Adílson".

Visivelmente emocionado e abatido após a consumação da derrota eleitoral, Adílson Monteiro Alves desejou sorte ao novo presidente. "Sou um democrata, respeito a vontade da maioria dos conselheiros e não faço nenhuma restrição ao resultado."

Apesar de os conservadores estarem satisfeitos com o fim formal da Democracia Corintiana, os torcedores não compartilhavam aquele sentimento. A polícia foi obrigada a proteger a porta do ginásio do Corinthians. Ao mesmo tempo em que aplaudiam Adílson Monteiro Alves e seus correligionários, os torcedores aproveitavam para xingar os conselheiros que haviam votado em Pasqua.

O então presidente eleito foi obrigado a sair pela porta dos fundos do ginásio escoltado por uma viatura do Garra, o Grupo Armado de Repressão a Roubos e Assaltos da Polícia Civil de São Paulo. Os policiais que o protegiam ainda precisaram dar dois tiros para o ar para que os torcedores abrissem caminho. Enquanto isso, José Izar, do grupo de Pasqua, levava um soco de um torcedor indignado com o resultado das eleições.

Waldemar Pires não poupa críticas a Pasqua. "Nós deixamos nas mãos dele jogadores de nível de seleção brasileira e ele fracassou. No último dia da minha administração, chamei o Scarpelli na minha sala e perguntei: o que falta pagar? Pagamos tudo. Não deixamos nenhum centavo de dívida para o nosso sucessor. Pagamos tudo aquilo e ainda deixamos US$ 3 milhões em caixa. Veja bem a situação: deixamos uma seleção brasileira, nenhum centavo em dívidas e US$ 3 milhões em caixa. Dois anos depois o Corinthians estava financeiramente quebrado e eles venderam quase todos os jogadores para pagar dívidas. Essa confusão prevalece até hoje."

Dois dias após a derrota eleitoral da Democracia Corintiana, o alvinegro voltou a jogar pelo Campeonato Brasileiro e apenas empatou com o Flamengo por 1 a 1 jogando em casa. Ainda jogando em São Paulo, derrotou o Náutico por 2 a 0. Na Fonte Nova, o Corinthians foi derrotado pelo Bahia por 2 a 0. No último jogo da primeira fase, em 14 de abril, vitória sobre o Goiás por 2 a 1, de virada. O Corinthians terminou o segundo turno na sexta colocação. Mas, na classificação geral, conseguiu ficar na segunda posição, atrás apenas do Atlético Mineiro, garantindo seu lugar entre as dezesseis melhores equipes da competição.

Devido às Eliminatórias para a Copa do Mundo de 1986, o Campeonato Brasileiro foi interrompido. O Corinthians realizou alguns jogos amistosos e em seguida o Campeonato Paulista foi iniciado, já em meados de maio. A campanha do alvinegro no Paulistão não era das mais regulares. Mas isso ficou mais evidente a partir de 4 de julho de 1985, quando o torneio nacional foi retomado.

O Corinthians caiu no Grupo G, com adversários teoricamente mais fracos. Em campo, a equipe paulista estreou com derrota para o Joinville por 2 a 0. Depois, derrota para o Coritiba por 1 a 0 e empate sem gols com o Sport. Se quisesse a classificação, o Corinthians não podia mais perder pontos. Mas como fazer se a equipe não marcava gols havia quatro jogos? (O último jogo do Campeonato Paulista antes da reestreia no Brasileirão fora um empate de 0 a 0 com o América de São José do Rio Preto.)

Nos jogos de volta, o Corinthians reencontrou o caminho do gol. Contra o Coritiba, que viria a ser o campeão daquele ano, vitória por 1 a 0, gol de Wladimir aos 38 minutos do segundo tempo. Mas as esperanças do Corinthians e do técnico Carlos Alberto Torres caíram por terra com a derrota por 3 a 1 para o Sport em Recife. Na despedida da equipe no Campeonato Brasileiro, em 21 de julho, um domingo, empate de 1 a 1 com o Joinville diante de apenas 2.315 pagantes no Pacaembu.

Carlos Alberto ainda aguentou mais um jogo no comando técnico do Corinthians. Mas a derrota por 2 a 1 para a Ferroviária pelo Campeonato Paulista sepultou de vez sua primeira passagem pelo clube. Havia ainda a discrepância de filosofia entre o treinador e a nova diretoria, que se instalou após a derrota da chapa Democracia Corintiana.

A importância do trabalho psicológico

O Corinthians era um time abalado no início da década de 1980. Tradicional em São Paulo, o clube tinha dificuldade para firmar-se como potência futebolística nacional – e consequentemente internacional.

Diversos fatores contribuíram para isso. Depois de montar um grande time no início dos anos 1950 e conquistar todos os títulos possíveis na época, o Corinthians iniciou, a partir de 1955 (a decisão do Paulistão de 1954 foi realizada em fevereiro do ano seguinte), um jejum de títulos encerrado apenas em outubro de 1977.

A única conquista importante do clube durante o período veio em 1966, quando o Torneio Rio-São Paulo foi interrompido antes da Copa do Mundo e o título foi dividido entre os quatro times que estavam empatados na liderança do campeonato (Botafogo, Corinthians, Santos e Vasco da Gama). Isso certamente contribuiu para reduzir a importância do título.

Durante o jejum de 22 anos, apenas três presidentes estiveram à frente do Corinthians. Foram eles Alfredo Ignácio Trindade, Wadih Helu e Vicente Matheus. As lutas travadas por estes homens pela permanência no poder geraram crises que afetaram de alguma forma o desempenho do time de futebol.

Já em 1982, quando a Democracia Corintiana começava a definir seu espaço, a diretoria do clube chegou à conclusão de que um profissional deveria ser contratado para cuidar do aspecto psicológico da equipe. Adílson Monteiro Alves resolveu então entrar em contato com Flávio Gikovate, um renomado psiquiatra estabelecido em São Paulo.

"O convite para que eu fosse trabalhar no Corinthians foi feito pelo Adílson em algum momento do primeiro semestre de 1982. O time vinha de uma campanha péssima e estava na Taça de Prata. Naquele semestre, o Corinthians foi bem no Campeonato Brasileiro, ascendeu à Taça de Ouro e continuaria bem no segundo semestre, quando venceu o Campeonato Paulista", comenta Gikovate sobre a época em que foi chamado.

"Confesso que fiquei em dúvida sobre o convite. Sou um médico psicoterapeuta. Na época eu tinha um programa na TV Cultura, escrevia artigos semanais para a *Folha de S. Paulo* e não tinha muito tempo disponível."

Justamente naquela época, Gikovate estudava um assunto que de alguma forma poderia se encaixar no Corinthians da época: o medo da felicidade. No futebol, isso se encaixaria mais como "medo de vencer".

"Em julho daquele ano eu saí em férias e viajei para a

Europa. Eu estava em Roma quando o Brasil perdeu para a Itália na Copa da Espanha. O resultado foi totalmente atípico e eu cheguei à conclusão de que o jogador brasileiro não tinha coragem de ganhar jogo. Ficou claro que o fator psicológico predominava sobre qualquer outra coisa e impossibilitava que um grupo notoriamente superior vencesse. Naquele momento, em meio à gozação dos italianos, eu resolvi aceitar o convite do Corinthians. Voltei ao Brasil e comecei a trabalhar no fim de julho", lembra o psiquiatra, autor de diversos livros.

Mário Travaglini, técnico do Corinthians quando Gikovate foi contratado, ressalta a importância do preparo psicológico do time por um profissional especializado: "O Flávio Gikovate participou e ajudou bastante. Foi uma das primeiras experiências com psicólogo no futebol. Mas ele se caracterizou e se enquadrou bem por ser um homem, um profissional de grande capacidade afinado com nossa filosofia. Ele também fazia parte da comissão técnica dentro de nosso contexto de liberdade com responsabilidade. O termo mais correto para definir o relacionamento dentro do Corinthians na época é o da família", comenta Travaglini.

Segundo Gikovate, inexiste no futebol a cultura do trabalho do profissional de psicologia no esporte: "Havia algumas experiências, uma delas no próprio Corinthians, com o Paulo Gaudêncio. Mas é raro existir o cargo de psicólogo num time de futebol".

Ele conta ter precisado adotar uma estratégia para ser aceito pelo grupo: "O técnico era o Mário Travaglini. O Adílson contava com a simpatia dos principais líderes do elenco e eu fui me aproximando de pessoas que estavam em volta de tudo aquilo e pensavam sobre a necessidade ou utilidade de um profissional de psicologia, como acreditavam o Juca Kfouri e o Washington Olivetto. Eu cheguei ao Corinthians sem espaço e tive de lutar para ter meu cantinho".

Em meio a essa disputa, Gikovate lembra que as próprias

pessoas que o chamaram davam espaço e ao mesmo tempo tiravam. Mesmo assim, ele conseguiu criar no grupo de atletas o ambiente que julgava necessário.

"Durante o segundo semestre de 1982, eu procurei cavar meu espaço, em grande parte trabalhando individualmente com um ou outro atleta que estivesse atravessando dificuldades e me fazendo aceito pelo grupo. Então eu participava das concentrações, quando existiam, ou concentrações parciais. Nós também organizamos muitas festas envolvendo a família dos atletas e das pessoas que trabalhavam com eles. Havia toda uma estratégia que eu tentava estabelecer por intermédio de terceiros. A intenção era criar um ambiente similar ao de uma família."

Os aspectos que mais impressionaram o psiquiatra foram o jogo de cena e a disputa de poder inerentes ao esporte mais popular do planeta: "Quem acompanha de perto um time de futebol sabe que aquela história de que todo mundo no grupo é amigo e está muito bem preparado é tudo mentira. Existe um jogo muito complexo envolvendo disputa de poder. Ninguém pode ocupar o espaço de ninguém. Eu tive de aprender a me colocar no meu devido lugar".

Enquanto o trabalho de Gikovate se desenvolvia, o Corinthians fazia uma campanha brilhante no Campeonato Paulista. Campeão do primeiro turno, o alvinegro deixou escapar no último jogo do segundo turno, contra o São Paulo, a chance de sagrar-se campeão sem a necessidade dos dois jogos decisivos contra o mesmo São Paulo.

"Mais para o final daquele semestre, eu consegui fazer com que meu espaço crescesse um pouquinho, em especial na reta final do campeonato. Eu estava aprendendo muita coisa naquele período. Como terapeuta, eu podia trabalhar individualmente com algumas pessoas e participar de algumas reuniões de grupo. Além disso, acompanhei o time durante todo esse tempo, nas reuniões, preleções, lavação de roupa suja, nas quais eu mais ouvia do que falava e depois comentava determinados assuntos. Ou seja, eu fazia muito mais *lobby* psicológico que ações diretas.

Eu tive mais atividade quando o time começou a chegar perto das decisões de campeonatos. Falei muito sobre os riscos e os problemas de se ficar nervoso com o medo do sucesso. Justamente naquela época eu estudava um tema chamado medo da felicidade e que também me influenciou a seguir adiante com o trabalho no Corinthians. Numa final de campeonato, ganha quem tiver menos medo de ser feliz, de vencer, e não quem for melhor", garante o especialista.

"Aquele grupo realmente teve menos medo nas finais, com grande influência de duas figuras importantes naquele time: Sócrates e Wladimir. O próprio Sócrates reconhece hoje que ele não dava ao futebol o respeito que deveria ter dado na época. Ele valorizava mais a medicina que o futebol. Ele não teve orgulho de ser jogador. Talvez, só hoje, depois de encerrada a carreira, ele tenha a consciência de que era um craque, mesmo sem ser um atleta. O Wladimir era muito respeitado dentro do grupo. Eram eles que me respaldavam."

Porém, após a conquista do título, o respaldo dos principais líderes da Democracia Corintiana causaria o afastamento temporário de Flávio Gikovate: "Depois de o Corinthians ter sido campeão, o Wladimir fez uma declaração falando sobre a importância do meu trabalho, o que gerou futrica e ciumeira por parte de algumas pessoas no Corinthians. Com isso, eu fiquei de fora do Corinthians nos dois primeiros meses de 1983".

Durante o período no qual Gikovate ficou afastado, a diretoria do Corinthians "fez todas as coisas que estavam combinadas de não fazer". Segundo ele, essas "coisas" eram não desorganizar o grupo e não contratar jogador que fosse desagregador.

"Foi quando o Leão foi contratado e começaram a ocorrer tensões no grupo e o time começou uma sequência de maus resultados no Campeonato Brasileiro. Eu e o Adílson tivemos uma conversa muito dura e eu voltei ao clube, mas o Campeonato Brasileiro já estava perdido. O Leão era uma pessoa complicada e houve algumas trocas de técnicos. Era necessário refazer o equilíbrio, o que demorou a acontecer."

Em meio a tudo isso, Gikovate revela que Sócrates não atravessava uma fase muito boa na vida pessoal, as propostas para deixar o Brasil começaram a aparecer e ele estava muito mais instável em campo do que de costume. "O Casagrande também sofreu um abalo pelo fato de as torcidas adversárias gritarem 'maconheiro' para ele por causa de um incidente com a polícia envolvendo drogas."

Mesmo em meio à falta de harmonia, o Corinthians seguia adiante com a meta de ser bicampeão paulista. "O ano de 1983 foi muito difícil. No segundo semestre, tudo se equilibrou precariamente. O Leão formava um subgrupo, o Sócrates segurava o seu e nós tentávamos harmonizar e equilibrar. Houve outras contratações e essas pessoas precisavam se integrar a um grupo um tanto dividido. E apesar de todos os percalços o Corinthians foi bicampeão em 1983. Em seguida, o Leão foi embora e veio o Carlos."

Após a conquista do bi, o Corinthians começou a fazer novas contratações: "Eu mesmo ajudei a indicar algumas delas. O elenco do Corinthians era quase uma seleção brasileira. Curiosamente, em meio às mudanças de treinador e às novas contratações, o time naufragou".

O motivo do naufrágio talvez tenha sido o excesso de estrelas. Gikovate explica que o excesso de estrelas prejudica se o time não tiver uma superestrela: "A seleção de 1982 é um exemplo disso. O time era cheio de estrelas. Mas não havia uma estrela superior às demais. Havia três estrelas fingindo que um tocava a bola pro outro quando na verdade cada um tentava puxar o jogo para si".

Para Gikovate, o time ideal tem um indivíduo que se destaca muito mais que os outros: "Foi assim com o Falcão na Roma, o Zico no Flamengo, o Sócrates no Corinthians, o Maradona no Nápoli e na seleção argentina, o Romário na seleção brasileira de 1994, Pelé em 1958 e Garrincha em 1962. A seleção de 70 foi um caso atípico, ainda com o Pelé como sua principal estrela. O time era cheio de estrelas, mas alcançou um equilíbrio espetacular. Sempre há um super-herói".

Segundo ele, sem o super-herói o time perde a personalidade: "Quem dá a cara pro time não é o treinador, e sim o jogador excepcional, pois ele é aceito pelo grupo e tido pelo grupo como tal. E isso não é fácil, pois esse jogador normalmente recebe tratamento diferenciado, tem salário maior e outros privilégios. Um grupo de futebol é complicado. Todos eles são quietos, mas têm opiniões muito claras e definidas sobre o que acontece ao seu redor. Eles não são bobos".

Com relação à presença de um psicólogo num time de futebol, Gikovate nota que a maior parte dos técnicos trabalha com um profissional de psicologia subordinado a eles: "Dessa forma, o trabalho desse profissional é ligado mais à parte motivacional. Eu sou um médico mais sofisticado. Não vou chegar à concentração e dizer 'vamos lá, minha gente!'".

Ele defende a atuação do profissional de psicologia como assessor do técnico: "Se o treinador for esperto, ele coloca o psicólogo como consultor e não como subalterno. Não defendo que ele é superior ao técnico, mas que ele pode ajudar muito esse profissional a dar sequência ao seu trabalho. O psicólogo deveria orientar o treinador. Não falo em aumentar ou diminuir o papel do psicólogo. Quem deve exercer sua liderança junto ao time é o treinador. O papel do psicólogo precisa ser definido com mais clareza".

Na opinião de Gikovate, quem necessita de suporte psicológico é o próprio treinador: "O técnico é muito pressionado. Em todos os grandes clubes ou na seleção, o treinador precisa de respaldo, precisa ter onde se apoiar para melhor exercer sua função. O grande dom de um técnico é saber montar um time. Ele precisa saber quem combina com quem. Essa montagem é complicada. Todo o resto é discurso", afirma. "Eu e o Adílson fomos nos meter a montar um time e nos demos mal", confessa.

"Meu trabalho no Corinthians acabou em 1985, quando a

chapa do Adílson foi derrotada nas eleições para presidente. O Sócrates já tinha ido embora. O Corinthians vinha mal no Campeonato Brasileiro e nós tínhamos responsabilidade por termos montado aquele time. O Hugo de León, por exemplo, era um zagueiro excelente, mas ele e o Juninho possuíam estilos parecidos demais. Então eles recuavam juntos e avançavam juntos e a defesa se comprometia. Você não muda as características de um jogador. O treinador tem de montar um time no qual as peças se encaixem. Jogador muda tudo no meio da partida. Eles não respeitam tanto assim a tática. Cada um tem suas características particulares. O treinador tem de ser esperto e encontrar nos jogadores características compatíveis. O Corinthians montou em 1985 um supertime que não ganhava de ninguém."

Títulos: o combustível da Democracia Corintiana

De todos os fatores políticos, filosóficos e esportivos que contribuíram para a existência da Democracia Corintiana, um deles em especial contribuiu para dar um fôlego extra ao projeto: os títulos.

Por mais alienado que seja um torcedor, ele sabe que nada no futebol resiste sem bons resultados. Mais difícil ainda é sustentar um movimento revolucionário como a Democracia Corintiana sem a obtenção de resultados e títulos satisfatórios.

Na opinião de Sócrates, os títulos foram importantíssimos para a longevidade do processo ideológico empregado no Corinthians democrático.

Casagrande destaca que nada no futebol é tão importante quanto resultado: "Se não tivéssemos conquistado os títulos que conquistamos e não tivéssemos mostrado o futebol que sempre mostramos, dificilmente a Democracia Corintiana teria avançado tanto. Diretores e torcedores nunca apoiam uma fórmula incapaz de vencer em campo", garante.

O ex-zagueiro Juninho sugere que seria mais fácil sustentar

a Democracia Corintiana nos dias de hoje. "Há cada vez mais campeonatos. Um time grande chega a disputar cinco ou seis torneios por ano. Se vencer um ou dois, está ótimo. No início da década de 80, nós tínhamos apenas os campeonatos Paulista e Brasileiro. Se não ganhássemos um, teríamos a obrigação de ir muito bem no outro", analisa.

Para ele, a Democracia Corintiana gerou bons resultados em campo: "Fomos bicampeões paulistas em 1982 e 1983. Em 1984, quase fomos tri", diz Juninho, sem lembrar que o vice--campeonato em 1984 foi considerado um "mau resultado" pela oposição conservadora e usado como arma nas eleições para a presidência do clube em 1985.

Zenon também ressalta a importância dos títulos e lamenta o fato de o Corinthians não ter sido campeão brasileiro naquela época. "Foi mera fatalidade. Tínhamos um time maravilhoso, muito bem entrosado. Porém havia outros times tão fortes quanto o nosso que foram mais longe", comenta ele, citando como exemplos Flamengo, Fluminense e Grêmio.

Na opinião de Wladimir, sem as conquistas seria muito mais difícil sustentar o movimento. "Eu me lembro que, antes de a gente ganhar, e mesmo depois que conquistamos o primeiro título, o presidente do Conselho Deliberativo, que era o Roberto Pasqua, tentou dar um golpe pra derrubar o Waldemar Pires. Ele tentou virar a mesa, dizia que a Democracia era bagunça, reclamava que a gente tomava cerveja no Bar da Torre depois do treino, dizia que alguns jogadores chegavam atrasados. Seria difícil resistir a tentativas de golpe se não tivéssemos um time vitorioso. Mas nós recebemos manifestações de apoio provenientes do país inteiro", lembra o ex-lateral.

"Passamos um dia inteiro recebendo telegramas de políticos, artistas, personalidades e empresários das mais diversas atividades apoiando a Democracia Corintiana, e o pessoal que tentou dar o golpe recuou", recorda.

Júnior, ex-lateral-esquerdo do Flamengo, defende que o

movimento só se estendeu tanto graças aos resultados e títulos obtidos pelo Corinthians dentro de campo: "Se o movimento não vingasse, logo viriam os críticos de dentro e de fora do clube pra dizer: 'Olha aí, eu não disse? Essa história de liberdade saiu de controle e tudo virou uma bagunça. É uma anarquia'. Seria um tratamento a ferro e fogo da questão da liberdade dos jogadores. Só que o Corinthians obteve ótimos resultados em meio a toda aquela liberdade. E quando você tem resultados como os obtidos pelo Corinthians os críticos são obrigados a se colocar mais de lado".

Os méritos da Democracia Corintiana

A Democracia Corintiana alcançou méritos inegáveis dentro e fora das quatro linhas. Em campo, o Corinthians foi bicampeão paulista e por pouco não conquistou o tricampeonato. Nos campeonatos nacionais, chegou a duas semifinais de Campeonatos Brasileiros e deixou escapar, também por pouco, uma vaga na Taça Libertadores da América. Fora de campo, os jogadores conseguiram da diretoria relações de trabalho mais justas e sinceras.

Mas uma questão raramente abordada é o crescimento pessoal de cada pessoa que viveu as mudanças revolucionárias da Democracia Corintiana. Para analisar melhor essa questão, ninguém melhor que Mário Travaglini, o técnico que concedeu, ao lado da diretoria, mais espaço para que os jogadores se manifestassem.

"Não resta a menor dúvida sobre o crescimento humano daqueles atletas. Democracia não é excesso de liberdade, muito menos libertinagem. Em meu primeiro dia de trabalho no Parque São Jorge, resumi minha filosofia: liberdade com responsabilidade e igualdade. Se as coisas acontecessem da forma como os críticos diziam, que todos faziam o que queriam, talvez aqueles atletas não fossem aquilo que são hoje. Sócrates, Casagrande,

Zenon, Wladimir, Biro-Biro, Paulinho, Juninho, entre outros, são vencedores. Todos eles se deram muito bem nas atividades que exerceram após pararem de jogar", define o ex-treinador da equipe principal do Corinthians.

Para Flávio Gikovate, que fazia o acompanhamento psicológico do time, todos os participantes do processo progrediram humanamente: "Posso dizer que todos naquele grupo aprenderam muita coisa. Não havia apenas o caráter político. Era um grupo interessante mesmo. Como pessoa, creio que todos progrediram".

Na opinião de Washington Olivetto, "hoje, todo mundo que estava envolvido com a Democracia Corintiana sabe racionalizar melhor o que fez naquela época".

Casagrande, na época um jovem centroavante, diz ter amadurecido muito com o movimento: "Se eu não tivesse caído no Corinthians no meio da Democracia Corintiana, eu ia tomar muita porrada. Não sei dizer como seria minha carreira. Nem imagino o que aconteceria comigo sem ela [a Democracia Corintiana]".

O ex-atacante, que após encerrar a carreira transformou-se em comentarista esportivo, lembra que se sentia bem dentro do clube em seus tempos democráticos: "Sempre lutei por liberdade, desde jovem. Nunca achei que devesse existir paternalismo no futebol. A relação entre atletas e dirigentes tem de ser profissional. A Democracia Corintiana não era uma anarquia, como muitos críticos gostavam de dizer. Na época, sinceramente, eu não percebia a força do movimento. Mas, em qualquer atividade, quando você toma porrada de todos os lados é porque está incomodando alguém", analisa.

"Quando parei de jogar futebol, ou até mesmo quando eu ia jogar fora do Brasil depois de sair do Corinthians, descobri que o time também ficou internacionalmente conhecido na época por causa da Democracia. A primeira coisa que fiz em Portugal, quando fui jogar pelo Porto, foi dar entrevistas sobre a Democracia Corintiana. As revistas e jornais saíam com páginas inteiras contando a história e ressaltando a importância de nosso projeto."

Wladimir, que ao lado de Sócrates e Adílson Monteiro Alves ajudou a definir os primeiros passos da Democracia Corintiana, fala sobre a realização pessoal que alcançou com o movimento: "Costumo dizer que minha carreira futebolística dividiu-se apenas em duas fases: antes e depois da Democracia Corintiana".

"A verdade é que, em tudo o que você faz com consciência e dedicação, você obtém realização pessoal, principalmente quando você tem a condição de perceber que contribuiu de alguma forma para a redemocratização do país", acredita o ex-atleta.

Ele lembra ainda que a Democracia Corintiana o ajudou a evoluir tanto pessoal quanto profissionalmente: "Jogávamos futebol e sentíamos uma satisfação pessoal por exercer essa atividade. Não era apenas por dinheiro. Jogávamos com um enorme prazer, sem pensar na questão do dinheiro porque ele vinha naturalmente".

Sempre conhecido como time de raça, o Corinthians do início dos anos 1980 tinha dois jogadores que personificavam esse espírito. Um deles era Wladimir. O outro era Biro-Biro, um pernambucano quieto e dedicado ao time. Enquanto a imprensa da época indicava Wladimir como um dos líderes do movimento, aproveitava para rotular Biro-Biro como contrário à Democracia Corintiana.

Em seu depoimento para este livro, sua primeira atitude foi negar a acusação: "Nunca fui contra. Não havia nada que me desagradasse. Fazíamos tudo aquilo que determinávamos em conjunto. Todas as questões eram votadas e eu participava daquilo".

Segundo ele, a imprensa tinha necessidade de rotular quem era contra ou a favor: "Na Democracia, cada um tinha de cumprir sua obrigação. Foram três anos muito importantes. Fomos bicampeões e em seguida fomos vice. Em 1985, após a derrota eleitoral do Adílson, as coisas pioraram um pouco. Muitos jogadores se foram e muitos outros chegaram e cada um queria fazer o que viesse na cabeça. É claro que assim nada funciona".

Para Biro-Biro, a maior qualidade da Democracia Corintiana era a união do grupo: "Cada um tinha sua opinião, mas os objetivos eram os mesmos".

Zé Maria, também apontado como um dos líderes da Democracia Corintiana, admite que, no início, observava o movimento com certa precaução: "A diretoria do clube começou a dar oportunidades que os jogadores não tinham antes. Em seguida, começamos a desfrutar dessas novas possibilidades aos poucos. O jogador saiu de uma prisão, deixou de ser empregado do clube, para participar ativamente da administração no que dizia respeito ao futebol".

Enquanto Zé Maria encerrava sua carreira de jogador em meio à Democracia Corintiana, o meia-direita Luís Fernando traçava o caminho oposto. Em início de carreira, ele revela ter-se sentido frustrado ao encarar a realidade do futebol fora do movimento:

"Eu praticamente nasci para o futebol dentro da Democracia Corintiana. Depois que saí de lá, foi frustrante. Quando você começa a jogar num grupo como aquele, acaba imaginando que em todas as outras equipes seria daquela forma, o que, definitivamente, não é verdade", analisa.

Segundo Luís Fernando, a Democracia Corintiana sempre foi muito exposta: "O grupo não tinha medo de falar a verdade. Todos lá dentro procuravam se auxiliar, tudo era agradável, do treino ao jogo. Eu tinha a sensação de que a diretoria e os grandes astros do time davam muita segurança para se jogar bola".

Ele também ressalta o crescimento pessoal e profissional obtido nos tempos democráticos do Corinthians: "Pessoalmente, eu cresci demais, convivi com pessoas fantásticas, aprendi a doar minha parcela ao grupo. Profissionalmente, tivemos um grupo vencedor. A Democracia Corintiana ajudou a divulgar meu nome no cenário futebolístico nacional. Quando fui para o Internacional fomos campeões. Para os outros times que fui, sempre joguei como titular".

O ex-goleiro Solito ressalta a espontaneidade do movimento e lembra que o momento vivido pelo país na época ajudou a alimentar a Democracia Corintiana: "Coincidiu de a Democracia ser uma marca forte, algo em voga naquela época, pois vivíamos um momento de transição política. A palavra democracia foi bem utilizada por nós, tanto social quanto futebolisticamente".

Solito lamenta o retorno do antigo sistema de relacionamento no clube após o término do movimento: "Eu comecei minha carreira de goleiro nos anos 70. O esquema tradicional de relacionamento era muito arcaico. Após os anos mais fortes da Democracia, os tempos antigos infelizmente voltaram também dentro do Corinthians".

Para ele, houve crescimento pessoal, social e profissional para todos: "O jogador de futebol não ficava limitado ao mundo do futebol. Tínhamos uma atuação muito mais ampla. Não segui carreira de treinador depois de parar de jogar, mas, se seguisse, tentaria aplicar alguns conceitos daquele movimento, pois foi algo que deu certo. Se estivéssemos no caminho errado, não teríamos conquistado todos aqueles títulos".

De olho no futuro

Em foto recente, Sócrates visita a sala de troféus do Corinthians.

Tem uma frase do Wlad que resume tudo aquilo que sentimos naqueles anos dourados: "Na minha vida existe o antes e o depois da Democracia Corintiana". É bem isso! Foi um período rico para todos nós e para nosso país.

Conseguimos provar ao público que qualquer sociedade pode e deve ser igualitária. Que podemos abrir mão de nossos poderes e/ou privilégios em prol do bem comum. Que devemos estimular a que todos se reconheçam e que possam participar ativamente dos desígnios de suas vidas. Que a opressão não é imbatível. Que a união é fundamental para ultrapassar obstáculos indigestos. Que mesmo as dificuldades nos são potentes professoras. Que o convívio com pessoas que pensam e agem de forma absolutamente fascista não é impossível. Que uma comunidade só frutifica se respeitar a vontade da maioria de seus integrantes. Que é possível se dar as mãos.

Quem sabe um dia verei, mesmo que lá de cima, acontecer o mesmo com nosso país. Talvez nossa nação possa viver um amanhã justo, ético e puro.

Poder que emana do povo

A democracia foi uma das principais bandeiras do século XX. Fala-se muito hoje em dia na defesa dos valores democráticos, muitas vezes sem se pensar sobre o significado do termo. Palavra de origem grega, democracia é toda e qualquer forma de poder que emana do povo. Num regime democrático, a sociedade estabelece os princípios sob os quais será governada, tem a oportunidade de escolher seus líderes e mudá-los se julgar necessário, sempre em benefício do bem comum.

Ao longo das últimas décadas, a democracia transformou-se num objetivo global. Em algumas ocasiões, porém, sofreu golpes difíceis de serem superados. A Guerra Fria entre Estados Unidos e União Soviética foi provavelmente o período no qual ocorreram os mais graves atentados aos valores democráticos. A disputa entre as superpotências gerou violações em quase todo o planeta.

Os Estados Unidos só entrariam seriamente na luta pelos valores democráticos no final da década de 1970, quando Jimmy Carter iniciou uma batalha pessoal pela defesa da democracia e dos direitos humanos. Poucos anos antes, em 1973, um golpe militar no Chile culminou no assassinato do presidente democraticamente eleito, Salvador Allende, e na derrubada de seu governo pelo grupo do general Augusto Pinochet.

Sobre o assunto, o então secretário de Estado dos Estados Unidos, Henry Kissinger, fez uma declaração emblemática da filosofia republicana, sempre disposta a encontrar um "inimigo" para contrapor o "bem" e o "mal": "Não vejo por que temos de ficar parados quando um país se torna comunista pela irresponsabilidade de seu povo".

Outro caso interessante é o da República Democrática da Coreia. Contrariando as aparências, este é o nome oficial da Coreia do Norte, cujo governo autocrático não permite e reprime a livre manifestação dos desejos de seu povo.

A cientista política Maria Vitória Benevides explica:

Uma democracia necessita de princípios inabaláveis. A democracia só é o regime da maioria se a vontade popular for auferida mediante regras. A vontade da maioria não pode aniquilar minorias. Muitas vezes, o interesse da maioria não é democrático, ainda mais se ao lado desta maioria estiverem o poder e a força.

No Brasil, a chegada de João Goulart ao poder incomodou os radicais de direita e as forças armadas, que promoveram o golpe militar de 1964 com o apoio do governo norte-americano. A ditadura persistiria por longos vinte e um anos. Já durante a abertura política, a Democracia Corintiana pegava carona nas asas da liberdade.

Por sua simples constituição, poucas experiências democráticas foram tão plenas quanto a vivida no Corinthians no início dos anos 1980. Jogadores e dirigentes tiveram sensibilidade para perceber que a solução para os problemas vividos pelo time na época estava na abertura para o diálogo.

"Para termos uma democracia, são necessárias duas coisas: respeito a princípios universais e soberania popular", resume Benevides. "Não se poderia falar em Democracia Corintiana, por exemplo, se apenas os cartolas tivessem voz, ou se fosse dado mais espaço a este ou aquele grupo."

As votações, os debates e a atuação social e política daquele grupo de atletas entraram para a história por sua simplicidade e pureza, pelo exercício pleno da democracia. Num regime democrático, o aspecto mais importante é o respeito à escolha da maioria. Sem isso, o processo é afetado pela instabilidade. E respeito é o que não faltava nas escolhas feitas pela Democracia Corintiana.

"O objetivo final da democracia é a emancipação das pessoas, quando elas decidem sobre seu próprio destino", lembra o sociólogo Emir Sader. Ele cita uma frase do cientista político Norberto Bobbio: "Depois que nós conquistamos o voto universal, queremos ter o direito ao voto em qualquer lugar, em qualquer situação".

Para ele, a Democracia Corintiana foi o prelúdio de uma experiência democrática que até hoje o Brasil nunca exerceu plenamente. "Essa experiência aconteceu surpreendente e prematuramente no Corinthians. Quando ninguém no Brasil podia votar, os jogadores daquele grupo conquistaram o direito de decidir sobre seus rumos", conclui Sader.

Bibliografia

Livros

AGOSTINO, Gilberto. *Vencer ou morrer: futebol, geopolítica e identidade nacional*. Rio de Janeiro, Mauad Editora.
ASSAF, Roberto e MARTINS, Clóvis. *Almanaque do Flamengo*. São Paulo, Abril.
GIKOVATE, Flávio. *A liberdade possível*. MG Editores Associados.
KFOURI, Juca. *Corinthians, paixão e glória*. São Paulo, DBA.
NAPOLEÃO, Antonio Carlos. *Corinthians x Palmeiras: uma história de rivalidade*, Rio de Janeiro, Mauad Editora.
RAMOS, Luiz Carlos. *Vicente Matheus: quem sai na chuva é pra se queimar*. São Paulo, Editora do Brasil.
STORTI, Valmir e FONTENELLE, André. *A história do Campeonato Paulista*. São Paulo, Publifolha.
UNZELTE, Celso Dario. *Almanaque do Timão*. São Paulo, Abril.

Jornais

O Estado de S.Paulo, Folha de S.Paulo, Jornal do Brasil, O Globo, Jornal da Tarde, Folha da Tarde, Gazeta Esportiva, Última Hora, Gazeta Mercantil, Lance!, Democracia Corinthiana

Revistas

Placar, Istoé, Veja

Créditos das fotos

Abril Imagens: p. 14-15 (Irmo Celso), 96 (Ronaldo Kotscho)
Arquivo pessoal de Sérgio Scarpelli: p.1
Arquivo pessoal de Sócrates: p. 22-23, 38-39, 64-65, 78-79, 94, 97, 108-109, 117, 133, 141, 152-153, 177
Arquivo pessoal de Waldemar Pires: p. 54-55, 91, 92, 93
Arquivo pessoal de Washington Olivetto: p. 95

Não foi possível identificar a autoria de algumas das fotos publicadas neste livro, cedidas pelos autores e seus entrevistados. Localizados os fotógrafos, a editora se dispõe a creditá-los imediatamente na próxima edição.

Em 4 de dezembro de 2011, antes do início d[o]
clássico que garantiu ao Corinthians o título d[e]
pentacampeão do Campeonato Brasileiro, jogadore[s]
corintianos e palmeirenses homenageiam Sócrates[,]
que falecera horas ante[s.]
Fotografia de Tom Dib[